在最深的红尘里重逢

仓央嘉措诗传

白落梅

湖南文艺出版社
HUNAN LITERATURE AND ART PUBLISHING HOUSE

博集天卷
CS-BOOKY

在最深的
红尘里
重逢

万里云山，长风冷月。风景为千年而生，他为众生惊世。

曾经那个世间最美的情郎，雪域的王，被光阴的苔藓覆盖，有一天慢慢被人遗忘。有关他的传说，他的情事，他的佛缘，他悲欣交集的命运，在无常的岁月里，只道寻常。

仓央嘉措，一个叱咤风云、掷地有声的名字。他的一生，是一册让人穷尽岁月亦不能读懂的经文。在荒芜的雪域，在寥廓的圣湖，在宽旷的神山，他沉静似水，静卧如佛。

他原只是遥远天边、清贫门户里的孩童，因了转世之说，顺从了命运的迁徙。倘若可以，他宁愿和心爱的姑娘，在开满格桑花的村庄里放牧写诗，与牛羊白云相依，和草滩溪水对话。如此，便可以不必接受众生朝拜，远离万丈荣光。

他曾在云端之上，俯视众生，亦在最深红尘，爱恨交集。他曾化身千百亿，寂寞修行，只为度化世人，却始终舍不下风花雪月的情爱，割不了锦绣如流的人间。

弱水三千独取一瓢，姹紫嫣红独守一色，凡尘百相只爱一人。而他，则是"世间安得双全法，不负如来不负卿"。也许，在空无的世相里，无明灭，无来往，亦无众生。又或许，这世间并无可度之人，亦无可度之心。

多少人，不辞万里，跋山涉水，只为将他寻找。明知此生无缘得见，却还要为一句美丽的诺言，痴心不改。只因他是俊雅的佛，是最美的情郎，是一生的珍惜。

你可知道，仓央嘉措，并没有失约。他的肉身，他的魂魄，早已远离滔滔世海，化作世间每一株灵性的草木，每一条悲伤的河流，每一片聚散的云彩，每一粒飘忽的粉尘。

前世因，今生果。世俗的一切，荣华或清苦，慈悲或冷漠，我皆谦逊喜爱。我亦不过是凡人，在尘世经受生老病死，离合悲喜。不为途中与谁遇见，亦不想和谁死生相共。

我曾说，此生最美的修行，则是焚一炉好似春风亭园的香，喝一盏远离名利交织的茶，听一首风光无际的曲，想一个静若莲花的人。过尽漫漫人生，值得珍爱的，回忆的故事，还剩几多？

放下一切执念吧，于幻灭无常的光阴里，寻一处宁静的地方，简单地栖息。像莲花一般，浅吟低唱，清雅无尘。

此生，在最深的红尘里，与你分离，又在最深的红尘里，和你重逢。是情，是缘，是爱的修行，也是宿命的归依。

白落梅　　乙未年冬月　　落梅山庄

在最深的
红尘里重逢

很多年前，喜欢席慕蓉的诗。那时候总是会期待，在开满栀子花的山头，与某个有缘人，可以有一段清澈的相遇。也许后来真的有了，也许真的携手走过红尘陌上。直到某一天，我们又孤独到将彼此忘记。

流年日深，许多事已经模糊不清了。我们总说，如果没有遇见你，或许日子过得有些平淡，但是宁静安好。这人间的因果宿命，早有安排，而每个人，都有一本定制好的命册，容不得你我随意删改。

我们都应该相信，世间万物，皆有情缘。哪怕顽石劣土，枯草朽木，只要给予阳光雨露，给予慈悲关爱，无不让人感受到自然造化的神奇，以及上苍赋予它们的使命。所以在西藏，我们都愿意认同那些信众的说法，相信每一只牛羊都有情感、每一株草木都有灵魂、每一片流云都有眼泪，而山川河流、飞禽虫蚁，都有其不可言说的佛性与尊严。

仓央嘉措，亦是万物之中的一粒微尘，但他是一粒让众生感动的微尘。捧读他的情诗，就像是与一场伤感的温柔相遇，我们被柔软的爱深深砸伤，却一往无悔。每一天，都有人跋山涉水将他寻找，只为一厢情愿的诺言。每一天，都有人为他点燃一盏酥油灯，在佛前长跪不起。仿佛必须要以这样痴情的方式，才可以换得一次擦肩，一个回眸。

却不知，仓央嘉措这个人间活佛，早已幻化为尘，只为与众生，在最深的红尘里重逢。而我们，再无须守在某个荒芜的渡口，或是日落的菩提树下，痴痴地将他等待。既是听信因果，当知人生缘起缘灭，来来去去，离离合合，不可强求。

流水一梦，遍地春远。搁笔之时，写下一首小诗，不是为了淡淡送离，也不是为了刻意将谁记起。只是在浅色光年里，想要宽容地珍惜。世事苍茫浩荡，愿人世间万物生灵，都可以随遇而安。

也许有过去

也许只有

在回忆里才能再见你

红尘如泥

而我在最深的红尘里

与你相遇

又在风轻云淡的光阴下

匆匆别离

也许我还是我

也许你还是你

也许有一天

在乱世的红尘里

还可以闻到彼此的呼吸

那时候

我答应你

在最烟火的人间沉迷

并且

再也不轻易说分离

在最深的红尘里重逢

目录

CONTENTS

CONTENTS

CONTENTS

在最深的
红尘里
重逢

——仓央嘉措，亦是万物之中的一粒微尘，

——但他是一粒让众生感动的微尘。

但曾相见便相知

卷一

探寻
缘聚
信仰
梦境
轮回
秘密

探寻

追逐一个梦，或许只需要三年五载，寻找一个人，到底耗费多久的光阴？

　　人活着究竟是为了什么？我们总是会在茫然失措之时，这样情不自禁地问自己。是为了各自的使命优游于人间，是为了某种不可言说的信仰，又或者仅仅只是为了一种简单的存在？人生步步皆是局，这设局的人究竟是谁，你我都无从知晓。我们总是从这个热闹的舞场转至那个寂寞的戏台，演来演去，无非一个你，无非一个我。在湛湛的光阴下，说几句阴晴圆缺的话，品一盏浓淡冷暖的茶。

　　这人间，最风尘、最苍茫、也最无情，明明给了我们栖身的角落，心却无处安放。可我们还是一厢情愿地在尘世辗转，山一程，水一程，背着行囊要去远方，为了心中的梦想。众生万象，情怀不同，人生际遇不同，神往的地方也不同。有人痴迷江南水岸、冷月梅花的清越，有人贪恋大漠风沙、萧萧易水的苍凉。有人喜欢在老屋的窗檐下做一场潮湿的梦，有人却愿意背井离乡，去探寻古老荒原埋藏的因果故事。

听《故乡的原风景》，一首由日本宗次郎创作的曲子，淡淡清扬的笛音，是来自内心真实情感的呼唤。我们仿佛看到，在一个月华如水的晚上，森林的小木屋里，一盏昏黄的油灯下，那位忧伤的男子吹着陶笛，倾诉着对故乡遥不可及的思念。陶笛声萦绕的夜晚，让听者为这天籁之音沉醉，不由自主地感叹自然万物、山川草木的美妙与永恒。故乡的记忆，就这样在婉转动听的曲子里，一点一点地复苏。不知道城南小院里晾衣竿上的花布衫是否还在？不知道沱江边那摆渡的艄公是否更添风霜？不知道江南小巷那位叫卖玉兰花的阿婆是否健康平安？

每个人都有属于自己的故乡，有从小生长的故乡，也有心灵的故乡。真实的故土，许是山青水碧、石桥烟柳、木屋安宁。内心的家园，许是黄尘古道、雪域高原、长风浩荡。我们都是最平凡的人，可为了心中不平凡的梦想，却甘愿做一个浪迹天涯的游子，潇洒地与故乡挥别，去叩醒古老而神秘的土地上，那些沉默了千年的文化。

西藏，那个离天很近，离梦很远的地方，这些年，多少人为了这方神性的土地，一路风尘踏上漫漫征程。曾几何时，这广袤的荒原，成了无数游子魂思神往的故乡。许多人对这遥远的天边都倍感陌生，甚至一无所知，却依旧一往情深地将灵魂投宿于此。一定有些什么，让我们如此痴迷不已，也许是藏地隐埋的神奇秘密，是飘摇经幡昭示的轮回，是来自远古文明的咒语。

有些人不辞万里赶赴至此，只为了舀一罐青海湖的圣水，只为了看一眼布达拉宫的日落，只为了叠合文成公主走过的脚印，只为了朗读一首仓央嘉措的情诗，也为了目睹一次牧民赶着马匹、牛羊从一个草场迁徙到另一个草场，将一段故事延续到另一段故事里。又或是观望一次天葬，看着秃鹫将尸体啄食得干干净净，一具躯体转瞬即消，连一件青衫也带不走。秃鹫是神鸟，它教我们学会放下，它告诉我们，这世间有这样一种神性而美丽的死亡。一切众生皆有佛性，此生成佛，是为了超度众生苦难。

一路上，看到藏民穿着简陋的衣衫跪地匍匐前行，眼神中带着不可动摇的坚定。他们选择以这种虔诚的方式走完漫漫征途，为了心中的信念，为了寻找如梦的前生。所有打他们身边走过的人，都会感动得泪流满面，亦想为他们承担些什么，却是那么无能为力。这么多的人，都是为了朝觐生命，去布达拉宫，接受最圣洁的洗礼。那一片湛蓝的天空，有苍鹰展翅飞过，惊散的流云，触手可及。

追逐一个梦，或许只需要三年五载，寻找一个人，到底要耗费多久的光阴？雪山安静地偎依在高原，圣湖倒映洁白的群峰。在这里，有格桑开花，芨芨草在风中摇摆，在这里，我们的爱是如此简单，只为了邂逅一双藏羚羊的眼睛。岁月更迭，朝代易主，多少风云霸业，都在历史长河里无声淹没，可以让我们记住的人和事寥若晨星。而这片土地，永远这样不惊不扰，多少人想要撩开薄雾下那层神秘的面纱，却发觉原来这看似贫瘠的地方竟是这般富饶。任凭岁月扬鞭抽打年华，世事早已面目全非，而这里的一草一木、一尘一沙都毫发无损。

这里的烟火很稀疏，我们都是从最深的红尘来到藏地，放下尘世的一切尊贵和荣华，也带来了许多纷乱尘土和繁芜心事。云山万里，冷月长风，尽管这里的自然环境许多人无法适应，但是既然选择来到此处，就打算和这里的荒原雪域同生共死。事实上，我们都明白，如此跋山涉水，迫不及待地赶赴，是为了寻找一个人，一个名字，一首情诗。只是这人间有许多事，不容许你我轻易道破，宿命有太多无法参透的玄机。仿佛因了这些玄机，万物才有了令人追根问底的理由。

大多数的人，总是相信命运，其实命运也不能只手遮天。许多时候，在命运转弯的地方，人力尚能挽回。每个人从生下来，冥冥中就命定好这一世的情节，安排好了死法。但这并不意味没有任何转圜的余地，既然人生如戏，我们也可以以假乱真，滥竽充数亦非就是过错。我们应当承认，在充满无奈的人生里，虽然做了岁月的傀儡，被生活逼迫到无处藏身，可我们不能一走了之，责任在身，尘缘未了，又有何处慈悲之所会收容作为过客的你我？

在西藏，那么多转世的达赖喇嘛，为何我们偏偏记住的是仓央嘉措？也许来过以及不曾来过的人，知道以及不曾知道的人，都会明白，那是因为他是一位情僧，一位动人心魄的情僧。他的情诗，亦是情花，遍洒在这片荒芜的土地上，令繁花滋长，情缘流长。我们难以忘怀的或许不是这位转世灵童多么传奇的身世，不是他接受众生膜拜的神佛高度，而是他对红尘深刻的眷念，对情爱的不能割舍。我们为之感动，为之流泪的，是仓央嘉措的情诗，写了三百年，也唱彻了三百年的情诗。

岁月无情，流年日深，历史的许多章节都被删改。岁月亦有情，它做了时间的信差，传递了三百年前的故事。面对情感，无论多么坚狠的心也会变得柔软，所以每一个读过仓央嘉措情诗的人，都会陷入那滔滔的情海里，难以自拔。明朝剧作家汤显祖曾在《牡丹亭》里写道："如杜丽娘者，乃可谓之有情人耳。情不知所起，一往而深。生者可以死，死可以生。生而不可与死，死而不可复生者，皆非情之至也。"我们都是为情而生，为情而死的人，尽管割舍不了名利、放弃不了荣华，却总会不慎溺于爱河，为自己失足付出沉重的代价。

是的，在西藏，一定有些什么摄住了我们的魂魄。如若不是，又怎会这般轻易搁下故园的青山绿水，忘记曾经千恩万宠的时光，和这里的风土人情相依相伴。如若不是，又如何会为这样一段萍水相逢，而情难自已。曾几何时，兰舟催发，远去的鸥鹭已被寂寥的苍鹰取代，戏水鸳鸯成了草坡上徜徉的牛羊，就连天边静静流动的云朵，也离人更近。还有屋顶上的炊烟，以及山风的味道，尽管朴素安宁，却总像隐藏着许多神秘莫测的故事。

看着远处遥遥相望的佛塔，不知是哪位高僧为自己的前世修建，并在这里许下过誓言。我们并不是高僧，不为修行，不为追问前生，却对这里充满宿命般的好奇与眷念。也许我们注定只是过客，给不起这片土地任何的承诺，却也无须询问聚散的因果。如果真的可以找到前因，那么此行无悔，就请佛，将我封印在遥远的阿拉古道，永不归来。

缘聚

他是灵童转世，来到世间只为了度人，个人的情爱注定只是烟云，无论他多么情深，人生也只能是一场戏梦。

流水人生，转瞬即逝，每一天我们都像蝼蚁一样在忙碌，被生活压顶，已没有多少时间去叩问生之哲理。待到尘埃落定，却发觉韶华已悄然和我们诀别，曾经那种相见倾心的感觉不复存在。没有谁生来就愿意做个掠夺者，岂不知那些叱咤风云的人物，时常在月上柳梢的黄昏濡血自疗。

而我一直是个胸无大志的人，只想过闲淡的生活，养点闲情，写点闲书。尽管如此，心中依旧会荒芜，一无所有的时候，只好依靠四季风景，夏日采莲乘凉，深冬焚书取暖。原以为此生守着江南一小阕山水，筑一间篱笆小院，栽种一些花草，简洁的窗台，晾晒几件花布小衣，就会为这份安宁静好的生活感激涕零。却不知，心中亦有着难以抑制的渴望。闲静之时，会被一首古曲撩动情肠，会为一张老相片失魂落魄，会被一首深情的诗歌带去天涯。

多少前缘成了过往，其实抓不住的是潺潺流淌的时光。千百年来，人世蹉跎，流年转换，让人记住的实在不多。无论一个人的心有多辽阔，可以收留多少故事，到最后都要还给岁月。有人说，这世间的风景，非要亲历才会有深刻的感触。而我却以为，梦里抵达的地方，同样可以真实刻骨。

对于西藏，我亦充满好奇和向往。只知道，这片土地的所有风景，都像是一本难以解读的经文。经文，神圣又耐人寻味，内容精深，蕴含着无以言说的禅意。我经常去庙宇，取回来几本经书，不读，只安静地搁置在一个角落，和我共有一剪菩提的光阴。我知道，经书是许多得道高僧灵魂深处的感悟，是自然万物的灵，是沧海桑田的心。每个人心中都有一本经书，只是不同的人生历程，会有着不同的解读。

忆起一篇文章《坐着火车去拉萨》，一个女子禁不住经幡飘摇的召唤，踏上前往西藏的旅程。拉萨，一座充满神奇与变数的城，曾几何时，这座凛冽荒凉的城，成了世人魂牵梦萦的地方。这座城，带着无尽的空灵和幻想，那么多诱惑的诗行，让我们沉沦。

> 那里肯定有唐卡的经幡、堆绣的帷幔
>
> 有身披袈裟的知事僧在挑拨灯芯
>
> 年老年少的喇嘛翻阅经卷
>
> 也会有零零落落的信徒在佛前伏下身躯

而我，也被迫做了它的信徒，匍匐在那条神奇的天路上，写下令人心旌澎湃的诗章。那就是《青藏的蓝》，一种洁净的蓝、高贵

的蓝、忧郁的蓝、亘古的蓝。我害怕自己无意的闯入，会惊扰圣土的一帘幽梦，却不知，这方神圣的土地上，飘散着的是人间最朴实的烟火。这里的藏民，为宿命而生，他们相信因果轮回。所以在他们眼中，每一株草木，一块石子，甚至一粒粉尘，都有着深刻的寄寓。

所以，这里有随处可拾的传说和感动。那些教徒带着万世不灭的信仰，用灵魂接受佛祖的法旨，守护这份神圣。戈壁草滩、雪域荒原、圣湖天水，这些美好的物象，带给他们的都会是吉祥、平安和幸福。来到拉萨，湛湛日光，照彻山河大地，让众生享受大自然给予的平等和仁厚。

这个生长牛羊，储存积雪，遍植经文的土地，也同样栽种情感。当我第一次读到"世间安得双全法，不负如来不负卿"时，就决意为那个叫作仓央嘉措的情僧写下一笔激情。奈何为之一往情深的人太多，我只是浪涛下的一粒沙尘，能给他的祝福实在太微不足道。倘若人死后真有灵魂之说，这么多年过去了，仓央嘉措是否还在这片土地上飘荡？

仓央嘉措，这个在西藏许多三岁孩童都知晓的名字，他曾经是活佛，在青天下接受万民的朝拜。但人们更愿意认为他是情僧，在佛与情的边缘，写着感天动地的诗行。他留在世间的情诗，就像是巫术，蛊惑了万千世人。只要一合上眼，就可以看到一个俊朗的少年，披着红色僧袍，用忧郁悲悯的眼神看着芸芸众生。他是灵童转世，来到世间只为了度人，个人的情爱注定只是烟云，无论他多么情深，人生也只能是一场戏梦。

世间万事都有前因，红花是为了绿叶来到人间，阳春因为白雪而美丽，沧海因为桑田而变迁。而屹立在拉萨西北红山上的布达拉宫，则是为了迎接大唐公主才落成。相传1300年前的公元7世纪，西藏王松赞干布迁都拉萨后，为迎娶唐朝的文成公主，特意在红山之上修建了共一千间宫殿的三座九层楼宇，取名叫布达拉宫。一座美轮美奂的宫殿，宏伟而华丽，精美又雅致。为了慰藉文成公主的思乡之情，松赞干布在宫殿里建上池塘亭榭，种了美丽的花木，模仿大唐宫苑的格局，给这座荒凉的古城，洒上了文明的种子。

松赞干布是藏族历史上的英雄，是一位骁勇彪悍的领袖，崛起于藏河（今雅鲁藏布江）中游的雅隆河谷地区。他率领军队统一了青藏高原上许多部落，建立了吐蕃王朝。唐贞观十四年，松赞干布遣大相禄东赞至长安，献金五千两，珍玩数百，向唐朝请婚。唐太宗崇尚"一桩婚姻就相当于十万雄兵"。那时，十六岁的文成公主知书达理，端静大方，主动应征做二十五岁的松赞干布夫人。

我们至今还可以想象得到当年文成公主进藏时的浩荡情景，她带着唐太宗赐予的丰厚嫁妆，经学医典、金玉饰物、绫罗锦缎、谷物种子。文成公主的到来，促进了吐蕃经济、文化的发展，也使得汉藏更加亲和友好。没有谁知道，这位远嫁他乡的女儿，离开长安时的悲伤与惆怅。她深知，此番离去，万里云山，再也不能回归故土。

然而上苍亦是仁慈了，让远离亲人的文成公主，拥有了美丽的爱情。为了更好地和文成公主相亲相爱，松赞干布脱下他穿惯了的皮袭，换上文成公主亲手为他缝制的丝质唐装，还努力地跟她学说汉语。一对异族夫妻，过上了相濡以沫的生活。也许异域风情永远给不起文成公主故乡的温暖，可人生因为有了缺憾才更加不同凡响。

倘若文成公主不远嫁西藏，她的命运就跟大唐那些名媛一样，许配给某位王公大臣，过上华贵却平淡的生活。历史不会留下她的名字，而青藏高原的那片土地上，更不会建立文成公主的庙宇。

她端坐在狮子莲花座上，温柔慈祥、贞静美丽，像是上苍派来的女神，普度众生。一千三百多年来，这儿四季香火不断，酥油灯昼夜长明，前来朝拜的藏汉百姓络绎不绝，亲如一家。人们记住了这位善良美丽的女性，为了汉藏的团结，她付出了一生的年华。今夜谁在拉萨，那灯火璀璨的繁华背景里，静听布达拉宫，关于禅语的解答。谁临着高原，眺望云边的富庶，为千年故事，落下深情的泪滴。

布达拉宫，在17世纪重建后，成为历代达赖喇嘛的冬宫，也是西藏政教合一的统治中心。整座宫殿汇聚了藏式风格，依山而建，雄伟的气势震撼心灵。暮色下的布达拉宫，带着与世无争的寡淡与肃穆，也许是远离纷扰太久，此时的它是那么地安静，那么地从容，又是那么地无辜。这是一座被赋予了传奇和灵性的宫殿，里面封存着太多寂寞的亡灵。这里有六世达赖喇嘛的寝宫——德丹吉殿，如果他的魂灵不死，是否可以给这些为寻找他而来的人，留下淡淡的痕迹？

那些手持转经筒的老卓玛，诵念着我们听不懂的经文，但我们明白，她们如此虔诚是为了祈福、积功德、脱离轮回之苦。这片土地上的风沙，在她们脸上镌刻了藏民特有的沧桑，是岁月的恩赐，亦是年轮的印记。我知道，小桥流水的江南真的远去了，而我与这片戈壁荒原，已经近到肌肤相亲，近到可以呼吸相闻。

信仰

生命的本身，其实是纯粹而干净的，而我们在成长的过程中，渐渐地沾染了太多的粉尘。

　　是否有那么一个地方，你不曾来过，初次邂逅却有阔别经年之感。那里的一草一木，一尘一土，都在梦里呈现，带着一种隔世的陌生与熟悉。也许这就是佛家所说的缘分，因为有缘，所以才会一见倾心，才会难舍难分。我是那个信缘的女子，尽管倔傲，却总是会为某种微妙的感动而低眉垂首。

　　走进西藏，就像跌进一场神秘莫测的轮回，你会被那些不明所以的风情湮没。尤其是派别众多的藏传佛教，从久远的历史中延续到今朝，藏民对宗教的热忱与痴迷，没有丝毫的冷却。那种不可亵渎的信仰代代相传，在万世不灭的神佛面前，他们甚至可以殉身无悔。这就是宿命，每个人的出身无从选择，也许你爱的是石桥杨柳、冷月梅花，眼前萦绕的却是大漠孤烟、雪域荒原。但我们不能背弃前世的誓约，抛弃责任，就那么千山万水任意独行。

　　一个不轻易许诺的人，却愿意为一朵圣洁的莲花信誓旦旦，愿

意为一盏酥油灯长跪不起。在那个充满幻想的婆娑世界里，万物皆是微尘，微尘亦可成佛。人因为有了信仰而对生活心存期待，那些居住在高原的藏民，相信神佛的存在，世代匍匐在青山脚下，一边与神灵对话，一边牧马放羊，过得简单安宁，逍遥自在。在他们眼里，所有的草木都有灵性，所有的山水都有诺言，所有的牛羊都有轮回。每个人都是佛的信徒，每个人都有纯粹的心，而心里都种着一株菩提。

我们总是让自己走得太远，远得找不到回去的方向，远得回首只见苍茫。而西藏的时光，仿佛从未老去，一如既往地朴实，无须与外界争宠，亦不会为任何人改变初衷。在这里，没有灯红酒绿的繁华，没有打马江湖的豪情，亦没有阳春白雪的雅逸。有的只是一份与天地合一的朴素，一份不惊不扰的纯然。这片土地，神奇得令人敬畏，又平凡得让人感动。它怜惜生命，尊重自然，生活在这里，无须太多的岁月修为，也不必有过多的人生阅历，只要有一颗感恩的心，守护自己的信仰，不至于流离失所，就好。

那时候，藏传佛教教派众多，分为格鲁派（黄教）、宁玛派（红教）、噶当派（老黄教）、噶举派（白教）、萨迦派（花教），他们之间亦不乏倾轧争斗。直到 17 世纪初，在青海、蒙古一带，格鲁派（黄教）的主导地位确立，但与别的教派的斗争仍波涛暗涌。我们总是期待这个世界风平浪静，期待所有的忧伤疼痛，都可以被微笑和宽容抹平，期待人与人之间，可以不要有纷争，不要有伤害。可总是事与愿违，纵然清净如佛、宽广如佛，亦有无能为力的时候。

1616 年 12 月 15 日，第四世达赖喇嘛云丹嘉措在哲蚌寺突然去世，时年二十八岁。关于云丹嘉措之死，有人说是藏巴汗彭措南杰派人刺死的。当时藏巴汗得了病，据说是四世达赖云丹嘉措对他进行了诅咒所致。被藏巴汗察觉，于是派人刺死云丹嘉措。当然，这只是传说，云烟弥漫的天空，历史也变得模糊不清，浮生若梦，没有谁可以确定当年发生过什么。［"当时藏巴汗疑达赖诅咒，致感多病，即明令不许达赖再世，经班禅罗桑曲结（也是四世达赖的老师）一再要求，始准寻觅五世达赖灵童。"］

是的，云丹嘉措去世后，按照格鲁派规矩，须寻找转世灵童。生长在这片土地上的人，都是佛陀的信徒，命运的信徒，他们相信人有三生，死后会转世轮回，再续前世未了之缘。一个人从生下来开始，在懵懂不知世事时，就要背负前世的责任和债约、荣辱与贫富。我们以为可以更改的宿命，原来是那么地不可背弃，所以总觉得自己活得身不由己。你也许只想做一个平凡的百姓，却偏生落在帝王家。你也许想要君临天下，成为风云霸主，却偏偏沦为莽夫草寇。

在注定的人生里，你和我都无从选择，不想随波逐流，却终究还是任由命运摆布。阿旺罗桑嘉措，是第五世达赖喇嘛。1617年，阿旺罗桑嘉措出生于前藏山南琼结地方，属琼结巴家族。其家系山南地区的一个封建主，也是帕竹地方政权属下的贵族。这样一个贵族子弟，一生下来就戴上了华丽的光环，原以为这辈子就守着殷实的家业，娶妻生子，过上富裕且寻常的生活。可佛交给了他更大的使命，当四世班禅罗桑却吉坚赞认定他为五世达赖后，罗桑嘉措的人生便有了天翻地覆的改变。

他终究不是凡人，天资聪颖，才识出众，六岁被迎入哲蚌寺供养，接受非同寻常的教育。在藏传佛教史上，五世达赖罗桑嘉措是一个举足轻重的人物，他平定战乱，重建布达拉宫，确立了格鲁派在西藏的统治地位。这样一个雄韬伟略的人物，一位建功立业的英雄，接受万民虔诚的朝拜，同时也历经硝烟的洗礼。我们仿佛看到一个舵手，不惧风雨，逆着涛浪掌舵，最终抵达莲花彼岸。

当时西藏为噶玛地方政权统治时代，由第巴管理政事，噶玛噶举和藏巴汗对黄教采取压迫摧残的政策。1630 年左右，藏巴汗政权利用地方势力内讧的机会，趁机发动了一次反黄教的争斗，致使五世达赖避往山南。当时黄教在西藏地区和青康一带，甚至蒙古各地都深受广大群众的拥护。经过一段时间的谋划，五世达赖和四世班禅商议，遣人赴青海密召固始汗率兵进藏。由此才推翻噶玛地方政权的统治，拥立五世达赖喇嘛建立"噶丹颇章"政权。

并不是建立了噶丹颇章政权，就意味罗桑嘉措是西藏的王，事实上，西藏地方完全受固始汗的控制。骄傲的罗桑嘉措，以他辽阔的心怀，又怎会甘心臣服于蒙古势力？他要谋求独立的政治地位，不负他五世达赖的身份。就在噶丹颇章政权建立之时，正值明王朝行将崩溃瓦解。内地兵荒马乱，清朝在关外势力迅速壮大，大明江山对他们来说，已是唾手可得。五世达赖和四世班禅为首的黄教，为了巩固其已取得的统治地位，决定向日显峥嵘的清朝政府寻求支持。1642 年，五世达赖罗桑嘉措派伊拉古克三、呼图克图为代表，前往沈阳。

当时清太宗皇太极率亲王、贝勒、大臣等出城热忱相迎，在皇太极看来，西藏人的到来是出自天意的安排，是上苍护佑清朝的象征。为此，皇太极还对天行三跪九叩之礼，入城后，又亲自到藏使的住处看望。前来的藏使在沈阳停留八个月之久，受到清朝的盛情款待。待返回拉萨时，皇太极还给达赖、班禅和固始汗都写了回信，并称赞达赖喇嘛"拯济众生""扶兴佛法"，还赠送了丰厚的礼品，表达清朝对藏传佛教的重视。

一切仿佛尘埃落定，二十五岁的达赖罗桑嘉措历经纷争变幻，最终成为全藏政教的风云领袖。清朝就像是一座巍然峭拔的大山，它的强大远胜蒙古，罗桑嘉措用他深邃的目光和远见，争取到清朝政权的鼎力支持和认可。这也意味着格鲁派在西藏的地位得到初步的稳固，而罗桑嘉措亦成了藏民膜拜的英雄。

生命的本身，其实是纯粹而干净的，而我们在成长的过程中，渐渐地沾染了太多的粉尘。每个人的人生旅途中，都有许多不可避免的遭遇，或勇于面对，或仓皇逃离，全在自己的选择。罗桑嘉措自生下来就被命运主宰，所以在他思想丰沛的时候，亦要主宰命运。无论我们是强者还是弱者，只需要活在这宁静又喧闹的光阴里，微笑着，忧伤着，快乐着，也疼痛着。

梦里总有回不去的原乡，醒来依旧会对那片土地充满热切的渴望和深情的幻想。

　　昨夜，做了一个梦，梦见我去了西藏，在一个不知名字的寺院，看一树贝叶纷落。有披着绛红色袈裟的僧侣低头匆匆行走，拂起满地的落叶。重重殿宇在萧索的凉风中弥漫出一种遗世的孤独，仿佛这里有过一场浩劫，如今已是鸟雀奔飞，无人做主。寂寥的楼台上，只有一个小和尚端坐，双手合十，他是那么安然，纷乱的世界惊扰不了他的清宁。我看到他眼中有一种尊重万物的良善和悲悯，记忆走得那么远，只一枚落叶，就将我惊醒。

　　他应该是历史上著名的六世达赖喇嘛，仓央嘉措。无论是三百年前还是三百年后，这个名字都像是一颗闪耀的星辰，光芒照射到每个人身上，却又遥不可及。我是红尘最平凡的女子，注定不能与他结缘，捧读他诗的时候，会偶然地幻想，也许某一世，我是他垂怜的一株草木，是他放生的一尾红鱼。这样想着，梦醒后不至于太失落，不至于风尘无主。

人生如雾亦如梦，缘生缘灭还自在。我想起庄子在《逍遥游》里写的诗句，他的诗总是很轻易就让人远离喧嚣，沉入静穆的大自然里。其实道与佛在某种性灵上是相通的，像是素净的兰草，摒弃浮华，在心底开出最初的纯粹。曾几何时，我们因为日子的平淡无奇，而开始爱上了传说。相信这个世界真的有神佛的存在，相信善恶真有因果，相信人真的有转世轮回。所以有时候愿意舍弃烟火人间，将自己放逐到亘古荒原，去追寻一盏阑珊的心灯，点亮每一个平凡的人生。

梦里总有回不去的原乡，醒来依旧会对那片土地充满热切的渴望和深情的幻想。佛在每个人身上，都写下了无字经书，只待有缘人去解读。佛给每一片土地，都设下了深刻的谜语，只待有缘人去猜测。都说历史已成为过去，岁月的车轮将它碾得支离破碎，我们就不要再去雪上加霜了。我们总以为厚重的历史有着取之不尽的秘密，却不知道，光阴亦会将它打磨得越来越薄。尽管不能随意删改，却经过不同人的拼凑，经久弥醇的往事也渐渐地失去当年的味道。

都说，有缘的人，可以在西藏的圣湖里，看到自己的前世今生，可以在雪山上，许下永世的诺言。如今，我们又来到这块神秘的土地上，见证藏传佛教那些纷纭的过往。1644 年，奋战多年的八旗铁蹄如愿以偿地叩开大明王朝的城墙，看惯了大漠豪情的清军，总算得以享受南国温柔的河山。年轻的顺治帝即位后，便派人入藏邀请达赖喇嘛进京。但五世达赖罗桑嘉措接到清朝的邀请后，只向顺治帝献礼、问安，并不打算应邀动身前往。此后清王朝又接连三次派专人进藏，盛情邀约五世达赖前往内地。而五世达赖在期间一次

对进藏邀请他的清朝官员推托说："我今不往，然我必欲往。"

1645年，五世达赖喇嘛重建布达拉宫，他希望将自己神奇远大的梦想，付诸给这座浩大辉煌的宫殿。当年西藏王松赞干布为大唐文成公主兴建了这座富丽堂皇的布达拉宫，就意味着它是王者至尊的象征。它霸气十足地屹立在红山上，苍鹰飞过，世间万物都要为之俯首称臣。罗桑嘉措爱上了这座深邃而寂寞的宫殿，这里可以容纳世间万象风云，又可以让他站在世界的巅峰，独尝佛国的显赫与苍茫。1648年，五世达赖罗桑嘉措将政权中心移至布达拉宫。从此布达拉宫成为历代达赖喇嘛居住和进行宗教政治活动的场所。

为了守诺，1652年正月，五世达赖在清朝官员的陪同下，率随从三千余人，自西藏启程，前往内地。这次旅程耗费时光近一年之久，抵达北京后，顺治帝与五世达赖相会于南苑猎场。顺治盛情地接待罗桑嘉措，并在当天由户部拨银九万两。五世达赖居留北京时，一直住在安定门外大清专门为他建造的西黄寺中，享受着最高贵宾的礼遇。

或许是从小生长在雪域荒原，见惯了辽阔空旷的蓝天，习惯了牛羊成群的草滩，京都的富庶和繁华，并没有让罗桑嘉措过多地留恋。他对布达拉宫的情结远胜紫禁城，他怀念圣湖湛蓝的水，想念一只鹰飞翔的姿态，还有藏地那些匍匐于他脚下的子民。

仅在北京逗留两月后，五世达赖便以"此地水土不宜，多病，而从人亦病"为由，向顺治帝提出返藏。顺治帝当即允许，并赐予贵重礼品，命王公大臣为之饯行。当年五月，五世达赖抵达代噶时，顺治帝派官员，携带满、蒙、藏、汉四体文字的金册、金印赶到代噶，正式册封五世达赖为"西天大善自在佛所领天下释教普通瓦赤喇怛喇达赖喇嘛"。有了大清王朝如此鼎力的扶持，五世达赖从此在西藏的政教地位彻底稳固。

五世达赖罗桑嘉措住进了布达拉宫，用内地带来的金银，在前后藏各地新建了十三座黄教寺院，称为黄教十三林。他成了西藏最伟大的政教领袖，接受万民的朝拜，太阳的炙烤。我们无法否认，罗桑嘉措是真的与禅佛有缘，不然他怎么能够从一个普通的富家子弟，这么轻易就进入喇嘛的角色，从纷乱的藏传佛教中脱颖而出，让风沙弥漫的历史天空，从此清朗无尘。

到了晚年的五世达赖，已不大过问政事，他为了让自己专心著作经典，将一切政务委任给第巴桑结嘉措主持治理。桑结嘉措在康熙十八年（1679 年），被五世达赖喇嘛任命为第巴，年轻的桑结嘉措承担了五世达赖的重托，将旺盛的生命投入到西藏政权中。然而有人的地方就永远有纷争，看似风平浪静的局面，其实是波涛暗涌。桑结嘉措接受了第巴的职位，就意味着他将背负管理西藏政务的一切重任，无论荣辱，都当无怨无悔。

1682 年，六十六岁的五世达赖喇嘛罗桑嘉措病逝于布达拉宫。但桑结嘉措为了稳定局势，决定密不发丧，利用五世达赖的名义继续掌控政权。暗地里，他又悄悄查访、寻找五世达赖转世灵童的下落。这位灵童就是六世达赖仓央嘉措，在出生前，已经注定了一生的身不由己。或许他不同于五世达赖，有一颗可以与天下争夺的心，能够将自己置身于云端，俯视万民苍生。但命运赋予了他们同样的角色，活佛。一个活佛的圆寂，不过是灵魂的转移，化身为另一肉

体的人而已。他们的灵魂就这样世世相接，永垂无疆。

事实上，转世的又何止是活佛，倘若每个人都去将自己的前世寻找，又将会经历怎样的一种过程？我们都是平凡的人，所以我们的生或死，都不会有任何的异兆。每一个生命的到来与离去，都如同一粒平凡的尘沙，落入浩荡的岁月长河，没有谁还能将谁寻找。我们苦苦追寻前世的那场牌局，到最后，翻开牌底，却发现那张牌未必是自己。用一生的执着，换来这般遗憾，究竟值不值得？

无论是华丽还是黯淡的一生，都会在死去的那一天烟消云散。五世达赖罗桑嘉措的死，让我想起了昨晚的梦，贝叶纷落，一点痕迹都不留。世间万千风景，有时一阵风就吹没了。不知道，我们还沉溺于红尘，乐此不疲地留恋什么？争夺什么？忘不了什么？

轮回

世间的事，从来都是有得有失，你以为拥有了人间唯一的太阳，却不知早已丢失了最明澈的月亮。

人死了真的有转世轮回么？我曾不止一次这样地问自己，没有谁可以给我确切的答案。如果有，是不是今生的遗憾，可以留到下世去弥补？今生的美好，可以到下世去延续？但这终究只是如果，纵算我们相信因果轮回，今生还是会犯下不可饶恕的罪过。每个人一生都要历经许多的劫数，哪怕可以翻看过去、预知未来，同样逃不过注定的荣枯。人从生下来开始，就上演一幕幕或悲或喜的戏剧，直到死去，才可以停止一切纠葛。

倘若有了转世，今生既要为前世负责，又要为来世积善，如此循环下去，又如何有个终了？因为我们平凡，所以可以敷衍地活着，不必承担过多的业障与债约，也无须计较前因果报。至于前世是什么，来生又会转做什么，都不重要，我们有的也只是短暂的今生。而西藏，那些历代圆寂的达赖喇嘛，都可以寻到其转世灵童。因为他们是活佛，所以有着不寻常的转世历程，只有转世，才可以延续佛寄寓在他们身上的使命。

关于如何寻找达赖喇嘛的转世灵童，就像是一个远古的秘密，让这些充满幻想的世人，追寻着最完美的解答。许多活佛在圆寂前会留有遗嘱，告知他的弟子，他将会在某个地方转世投生。另有一种是神谕，神灵依附在人的身上，传达其旨意。神可以指出灵童的出生方向，甚至告知其父母的名字。亦可通过得道高僧占卜，获知灵童的方位。还有就是观湖，待确定了大致方位后，同一方位或许会出现许多同一属性的灵童，此时则需要观湖。虔诚地祈祷，湖中会显现一些奇妙的景象，景象则能传达灵童出生的具体地方。

因为转世灵童都会有不凡的特征，他们的言谈举止，甚至出生时的征兆，都将与凡人有很大的差别。他们延续了活佛的灵魂，亦流传了他们的灵性，所以出生后还能忆起前世的许多片段，可以分辨出前世用过的物品，说出前世说过的话语，甚至认识前世熟知的人。无论我们是否相信，这一切的因果都留存着，一代又一代的活佛转世灵童，皆是用这些方式寻找而来。因为真实，让我们更加相信神佛的存在，相信这世间真的是有不死的灵魂，真的有生息不灭的轮回。

纵然如此，我们依旧会错过太多的机缘，错过一朵花开的过程，错过一粒沙的流失，错过与一个人重逢的刹那。与佛结缘的人，身上定会有不同寻常的气韵，他们心存悲悯，懂得感恩，清醒而又沉静地活着。尽管达赖喇嘛有着佛的旨意，在人间酿造菩提道场，度化万千世人，他们有着不死的灵魂，其肉身却和凡人没有区别，同样要经历生老病死，同样会有悲欢离合。这世间人和人本就相同，每个人都在同一条路径上行走，最终抵达宁静的归宿。无论你是犹豫不决，还是义无反顾，如剑的光阴，同样地酷冷无情。

一个前世叱咤风云的人，转世到今生，未必一样地功贵。你的前世是帝王，今生可能是乞丐；你的前世是走卒，今生也许是贵胄。但无论是什么化身，一定联系着因果。《红楼梦》里，林黛玉的前世是一株三生石畔枯萎了的绛珠仙草，而神瑛侍者夜以继日灌之甘露，令仙草集天地精华，修成一个女体。她想着前世所欠的甘露之情，今生只能用眼泪偿还，所以林黛玉为贾宝玉哭了一辈子，尽管生命短暂，却只是为他来人间走了一遭，尝尽情仇爱恨。

在喜马拉雅山南坡有个叫门隅的地方，那里世代居住着门巴族。这个古老的民族，乡情淳朴，民风奔放，远离尘嚣，与世无争。门巴族人的住房都是就地取材，用木头、竹子、石子、茅草等建盖，睡觉的时候铺上兽皮或毛毯，和衣而卧。散漫的生活，让他们不拘小节，喝烈酒，唱情歌，祖祖辈辈在这片宁静的土地上，幸福地生活，自由地恋爱。

门巴族人有着自己的信仰，他们世代信奉宁玛派（红教），尊重自然万物，相信因果轮回。在这里，宗教和爱情，并不矛盾，宗教只是心中的信仰，而爱情却是世间最美丽的神话。这片神圣古老的土地上，每一株草木都有灵性，每一块石头都会说话，每一只牛羊都有感情。千年又千年，任世间风云变幻，这里依旧淳朴如初。

六世达赖仓央嘉措，就是出生在这片美丽宁静的土地上，一户小村庄里的普通农家。那一年，是公元 1683 年，康熙二十二年。仓央嘉措出生之日，有七日同升等异象，为莲花生转世，十二世纪秘典《神鬼遗教》有所预言。原籍不丹，属门巴族，出世一年后始为人知，为家中长子，父母信仰红教，即莲花生大师所创宁玛派。

自古以来，奇人问世必天降异象，唯有如此，才能证实他们的旷世绝代、不同凡响。隋炀帝杨广出生当晚本来皓月当空，当一声婴孩啼哭，突然雷声大作，刹那就倾盆雨注，因为此等异状，他的乳名唤阿摩。顺治帝福临降生的当晚，亦有赤霞笼罩在宫廷，深宫里才有了他非同凡人的言说。《红楼梦》里的贾宝玉，降生时口中衔着通灵宝玉，如此奇事，注定他的一生不会轻描淡写。

这个古老村落，天蓝水美，草绿羊肥。数百年来，门巴族人在这里安居乐业，享受大自然赐予的宁静时光。从来不知道，这样一个素朴的村庄，亦会有不寻常的生命降临。仓央嘉措的父母是良善、勤劳的农人，也是虔诚的红教教徒。所以当仓央嘉措降生时天空所出现的异象，让他们认为这个孩子是佛祖的恩赐，是上苍对门巴族人世代勤恳、厚道的嘉赏。

善良的父母不会知道，这个孩子会是五世达赖的转世灵童，亦不会知道他将来会住进布达拉宫，接受万民的朝拜。更不会知道，他本该辉煌的一生，却涂满了悲剧的色彩。这个从情歌之乡走出去的俊朗少年，成了西藏历史上著名的浪漫诗人。倘若没有前世的牵绊，仓央嘉措会和所有的门巴族人一样，在这片温柔的故土上，和美丽的姑娘自由欢爱，结婚生子。

世间的事，从来都是有得有失，你以为拥有了人间唯一的太阳，却不知早已丢失了最明澈的月亮。你以为自己是一个可以执掌天下的风云霸主，却不知道同时也失去了人生最简单的幸福。许多时候，不是你不去追寻，命运之神就不会降临在你身上。三百年前的仓央嘉措只想和心爱的姑娘，安静地守着一片草地，几只牛羊，平淡度日，却被拉上了布达拉宫的佛床，做了众生敬仰、有名而无实的达赖喇嘛。然而，他又成了西藏政治的牺牲品，成了桑结嘉措找来应付康熙的傀儡。

都说相信宿命的人，是消极悲观的人。然而我却以为，人因为相信了宿命之说，而显得更加地平和淡定。既有宿命，我们就不会执意去更改人生编排好的章节，不会去删减那些情深情浅的片段。我时常会说，无论你我以何种方式活着，或为自己，或为他人，都做了被岁月摆布的棋子，连选择黑和白的权利都没有。这么说，并不意味我们活着就有多么的悲哀，只是人世沧浪横叠，每个人要学会保护自己。人只有在不受伤的时候，才不会去伤害别人；只有在清醒之时，才能够点化别人；只有在自爱之时，才会去爱护别人。

我们期待的仓央嘉措，布达拉宫最大的王，拉萨街头最美的情郎，就这么来到人间。在三百年前，西藏一个遥远的小村庄。这个注定让无数人着迷的达赖喇嘛，不是因为他有多么宏伟的心愿，有多么远大的抱负，亦不是因为他手持神圣的权杖，拥有无上的尊荣。我们痴恋的是他的情诗，是他像梦一样迷离又美丽的生命历程。他用传奇而悲剧的一生，换取了世人永远的怀念和感动。不知道，这算不算是一种无私的美德？又算不算一种残缺的圆满？

走过青春年少，岁月开始不依不饶，每一天所能做的就是收拾那些老去的回忆，假装自己还拥有姹紫嫣红的春光。

　　人在幼年之时，总会觉得时光过得太慢，仿佛自己是那长不大的孩子，连站在树下，探身摘一枚果子的能力都没有。可真到了与青葱韶光诀别的时候，又觉得光阴太过无情，连回首重温旧梦的机会都不给。走过青春年少，岁月开始不依不饶，每一天所能做的就是收拾那些老去的回忆，假装自己还拥有姹紫嫣红的春光。生命的过程如同扬帆远航，既然不能扭转船只的方向，又何必在乎它是不是随着滔滔春水东流？

　　检点日子，我们不是那个推波助澜的人，极力想挽留住些什么，美好年华却渐行渐远。怀旧就像一杯染了罂粟的酒，浅尝一口，便痴迷到不可收拾的地步。许多人就那样无可救药地沉浸在消逝的流光里，一次次地期待错过的可以重来。究竟要怎样的人生才算是无悔？是信马由缰，纵浪到底，还是双手合十，淡然一生？假如这世间万物皆平庸寻常，或许就没有诱惑可言了。一个住进了世外桃源的人，连朝代更迭都不知道，又如何会向往人世的万千繁华？一个吃惯了粗茶淡饭的人，如何知道玉粒金莼是怎样的佳肴美味？

生长在门隅山川之间的仓央嘉措，认定自己有一个幸福的童年。作为家中的长子，他受到父母倾心的宠爱。他像草原上一只自由欢快的雏鹰，羽翼虽未丰满，却不必担心风雨的侵袭。每一天，和少年玩伴一起放牧羊群，嬉笑打闹。有时候，他静静地枕着草地，看蓝天下游走的白云，脑中闪现一些不曾发生过却又恍惚的旧事。他热爱这片给了他生命的土地，眷恋微风中轻轻摇摆的野草，喜欢看邻村姑娘那一头乌黑的长发。

仓央嘉措在很小的时候，就已经明白，自己和别的伙伴不同。自有了记忆开始，他平日里除了和玩伴一起放牧、嬉戏，还会被定期秘密安置在一个叫巴桑寺的地方学经。巴桑寺在山南错那，属门巴族聚集地，盛崇红教，尊重爱情。在这里，僧人可以和世俗女子通婚，所以寺院外经常会回荡一些缠绵的情歌。

在仓央嘉措很小的时候，这个普通的农家突然有贵客来访，那就是第巴桑结嘉措派来的使者。使者带来了一个惊天动地的消息，他告知仓央嘉措的父母，他们的长子是五世达赖罗桑嘉措的转世灵童。这从天而降的荣华刹那间将他们击中，让这对平凡良善的夫妻无所适从。然而，这则消息并不意味仓央嘉措就要即刻离开门隅，去往遥远的拉萨，坐上布达拉宫显耀的佛床，从此演绎他活佛的人生。

所谓祸兮福之所倚，福兮祸之所伏。世事变幻无常，当你沉浸在某份妙不可言的喜悦中，却不知有悲伤的情绪正在悄悄将你等待。当你以为山穷水尽时，却不知转眼即是柳暗花明。面对世间的聚散荣枯，我们都要以礼相待。就在三百年前，当时第巴桑结嘉措为了继续利用五世达赖的政权掌管黄教，封锁了其圆寂的消息，选择密不发丧。当广大僧众以为五世达赖在布达拉宫闭关修炼时，桑结嘉措正暗中寻访转世灵童，秘密将之培养。

仓央嘉措的父母明明知道他们的长子就是五世达赖的转世灵童，将会住进传说中金碧辉煌的布达拉宫，成为至高无上的活佛，受到万民的拥戴，却不得不对这个天大的秘密守口如瓶，因为纵算是偏远门隅地区的小民，亦知道在拉萨那上层社会里，一直演绎着残酷而激烈的政治斗争。他们无法知道，自己的孩子将来卷入这些战争中，将会承受怎样的兴盛荣辱。不知道，这瞒天过海的隐情有一日昭告于天下，又会掀起怎样的惊涛骇浪。

没有谁可以预测到未来，就像当初无法预料到，这个清贫的门户居然会降临一个达赖喇嘛的转世灵童。如果说这是上苍对他们的荣宠，是佛祖对他们的恩赐，又为何要他们死守这样一个天大的秘密，以致终日惶恐不安？仓央嘉措被定期秘置在巴桑寺学经，这尚不知人事的孩童，并不知道佛祖赋予了其艰辛的使命。唯有其父母，此后的日子，每一天都如履薄冰。

幼小的仓央嘉措在巴桑寺里学习经文，而担任其经师的，则是第巴桑结嘉措委派而来的几位得道高僧。有一天，如果你来到西藏，走过苍凉老旧的巴桑寺，是否会对这个曾经锁住仓央嘉措童年的地方，生出久久的怅然？其实我们的心灵深处，又何尝不是那么的软弱，总是会被一点小小柔情感动得不知所措。当窗外传来曼妙的情歌，我们想知道，当年仓央嘉措伏案诵经时，是否会被飘荡的情歌，打断深深的冥想，而引发了他对爱情无尽的遐想？

我和情人相会的地方

在南门巴的密林深处

除了巧嘴鹦鹉

哪个也不知道

能言的鹦鹉啊

这秘密请不要向叉路口泄露

那个巧嘴鹦哥

请你闭住口舌

柳林的画眉阿姐

要唱一曲动听的歌

　　三百年前的仓央嘉措，就是诵着经文，听着情歌长大的。漫长的十四年过去，他已长成了一个玉树临风的翩翩少年。在这个婚恋自由的地方，年少的仓央嘉措始终认为，自己可以和邻家少女眉目传情，互诉衷肠。那时候，仓央嘉措的父亲早已过世，只有慈母独自艰辛地守着那个不为人知的秘密，度日如年。她看着春情萌动的爱子，沉浸在甜蜜的幻想里，只能默默叹息。她不知道，哪一天眼前的景象就会骤然消失，当秘密白于天下时，这孩子是否可以承受万丈荣光所带来的伤害？

　　这世上，没有谁能够比一个母亲更了解自己的孩子，仓央嘉措的母亲深知自己的孩子，从小就有一颗善感的心。他俊朗的面容上，少了一份吐纳烟云的凌然霸气，更多的是温和如水的眷眷柔情。那深

澈的双眸里，带着一种与生俱来的忧伤。一个为花草感伤溅泪，与牛羊窃窃私语，痴迷情歌的少年，注定是草原上最美的情郎。也许我们该原谅一个懵懂不知自己真正身世的孩子，他肆无忌惮地追逐爱情，并没有犯下滔天大错。

是曼妙动人的情歌将他深深诱惑，是这片滋长情花的土地，在他心底埋下了浪漫的种子。当秘密不曾公布于世的时候，仓央嘉措的爱是那么地无辜。他怀揣着春情的喜悦，谱写梦的华章，又如何看得见母亲日渐增生的白发，看得见母亲内心深处那凝重的忧思。那颗渴望爱的心，没有罪，但是在若干年后，他却为自己的多情受到无情的惩罚。这难道也是他此生该承受的因果？如若是，便以一世的修行来消释所有的前缘孽债。

朗朗乾坤，昭昭日月，依旧会有许多匪夷所思的故事，令人无法参透。那些真实存在的历史，会因为年代的久远，世人的传言，而渐次地改变。然而世事多迷幻，有时候你苦苦追寻的真相会和想象的大相径庭，令人失望至极。如果人生是一场赌注，当你拚尽一切，打算拍案下注时，才发觉原来生命已经所剩无几了。岁月的短刀长剑，就是这么不经意地将你我宰割，看不到斑斑血迹，其实早已伤痕累累。

都说当局者迷，旁观者清，一个人太过清醒，或许会活得比谁都累。也许我们都该难得糊涂一下，对许多人、许多事，假装看不见，这样会不会过得轻松一点点？十五岁之前的仓央嘉措，就是那个身处局中，却不知晓谜题的人。多么戏谑的人生，当一个人决意为爱情誓死无悔的时候，你怎么忍心告诉他，其实这一生，他注定坐在佛床上，孤独到死。

——回忆对一个情深的人来说，就像一杯久藏的窖酿，越品越醇香。

卷二

落花比汝尚多情

神山

只有爱过的人，才会轻易被别人的爱打动。

　　每个人都有过青春年少，都有过一段灿若烟花的爱情，虽然短暂，却永生难忘。这世间，可以卷土重来的事情有许多，但逝去的时光和错失的情感，却是一去不复返。纵然如此，但是曾经拥有的谁也无法抹去，那些片段被封存在记忆里，经久而不褪色。所以，我们总是会为一张泛黄的老照片而凝思许久，会为偶然听到的一首怀旧老歌而热泪盈眶，会为一段久别的重逢而感动不已。

　　光阴催人老，难道将记忆一直停留在从前，流年就会戛然而止，我们就可以不老去？都说人因为有了回忆，生活才有了人情味，日子亦不至于那么毫无血色。可一个人过于沉浸在回忆里，却会荒废当下的时光，蹉跎剩余的年华。回忆对一个情深的人来说，就像一杯久藏的窖酿，越品越醇香。对一个寡淡的人来说，则像一壶泡过的清茶，淡到无味。

　　当我得知许多人因为读了仓央嘉措的情诗，而选择收拾行囊远赴西藏时，心中禁不住生出了万千滋味。我始终相信，这些人去西藏，并不单纯是为了追寻仓央嘉措的前世今生。他们更想知道，在那片风情浪漫的土地上，到底有过怎样一段与众不同的情缘。究竟是怎样的一位达赖喇嘛，会写出"世间安得双全法，不负如来不负卿"的诗句？而这些匆匆过客，皆是至情至性之人，他们之所以千里迢迢来探访别人神奇的故事，则是因为他们心底亦藏着一段不为人知的往事。

只有爱过的人，才会轻易被别人的爱打动。世间风物本没有情感，一草一木，一沙一尘，皆是因了人们将故事和传说赋予在上面，才有了血肉，有了依托。倘若没有当年文成公主的远嫁，没有仓央嘉措的情诗，西藏那片辽阔的荒原，或许会少去许多浪漫的色彩。富丽堂皇的布达拉宫，也不过是时光的幻影，因为缺少故事而贫瘠。如今,因为有了他们的存在，无论过去多少年，都不至于被岁月掏空。

真实的情感和丰沛的思想，可以让一片荒芜的土地，瞬间滋长出繁花。当我们行走在仓央嘉措生活过的每一个地方，徜徉在每一条他往返过的路径，都要忍不住问自己，他真的在这里居住过吗？是否可以叠合他的脚印？那栏杆上，是否还留有他手上的余温？一遍一遍地捧读他的情诗，只觉这里的草木都通晓灵性，懂得情感。它们见证过仓央嘉措美丽的爱情，听过他和心爱姑娘约会时所说的情话，记得他许下的每一个诺言。

三百年，多么漫长的岁月，朝代更换，人事改变，只有那些草木依旧欣欣，山石一如故往。人间是剧场，多少血泪淌成河流，泛滥到无人收拾的地步。而今天的我们，为什么还要伤害，为什么不能像清风和明月一样，相互容纳，平静共处？我相信，来过西藏的人，见过雪山草原，喝过圣湖之水，他们的心从此会澄净清朗。会懂得人活着是多么不易，所有的缘分都要好好珍惜，所有的人都应该彼此祝福。

历史是真实的，三百年前，的确有过一个仓央嘉措，在西藏这片辽阔的土地上，也确实留存了他的点滴痕迹。他出生在这里，一生的情怀与故事也交付给这里，那么多的诗句，都镂刻在这片土地上。离开了西藏，他就不再是仓央嘉措，所以每一个怀念仓央嘉措的人，都会怀念西藏。我们希望自己这一生，可以亲临这里，可以亲口问一声，这位不负如来不负卿的情僧，三百年过去了，你还好吗？你的灵魂是否真的一直轮回下去？如今，我们又该去哪里将你寻找？

十五岁之前的仓央嘉措，的确可以不负如来不负卿。他一边在巴桑寺学经，一边听着窗外动人的情歌，亦和邻村的女孩悄悄私会。他甚至觉得在这青翠年华里，不好好地相爱一场，是对人生的辜负。在这个原本就可以男女自由恋爱的地方，仓央嘉措的情如人间四月，那般莺飞草长，肆无忌惮。那个关于五世达赖转世灵童的秘密，他一无所知，尽管他比别的小伙子聪慧，充满灵气，但也只认为自己是个幸运儿，受到上苍的眷顾。

在巴桑寺的远处，有一座巍峨雄伟的苯日神山。在这座神山上，有一株巨大的神树，树上挂满了飘摇的经幡，此树高耸入云，极具灵性。有许多转山的人，从天南地北不辞万里地赶赴，只为来到这座神山叩拜，在树下许一个诺言。那时的仓央嘉措，时常会伫立在寺院的楼台，遥望神山上的神树，暗暗为心中那个青涩的梦想祈祷。

在时来运转的时刻
祈福的风幡才竖起
就有好看的姑娘
请我作客去

多情的仓央嘉措，是真的爱过了，他和心爱的姑娘，在美丽的欢乐园相爱。高原的阳光，给了野草春花足够的温暖，也激起了这些少男少女蠢蠢欲动的热情。他们可以互唱情歌，热烈地表白心中的爱恋，可以无所顾忌地挥霍饱满的青春。这是生命赋予他们的权利，待青春远去，那些情涛爱浪，就真的成了滔滔逝水，一去不回了。

杜鹃从"门隅"飞来
大地已经苏醒
我和情人相会
身心俱都舒畅

露着皓齿儿微笑
把少年魂灵勾掉
是不是真心爱慕
请发个誓儿才好

其实仓央嘉措的心愿真的很平常，他也不过是想和心爱的女子，守在这片熟悉浪漫的土地上。和一湾溪水，一剪白云，一片草滩；几只牛羊相依，平静度日，相安无事。他们一起放牧，一起写诗，生一双可爱的儿女，拥有世间最平凡的幸福。多么渺小的心愿，又是多么地微不足道，这是西藏一个小村庄，甚至世间任何一个小村庄，都可以给予的幸福。

> 问问倾心爱慕的人儿
> 愿否作亲密的伴侣
> 答道　除非死别
> 活着永不分离
>
> 心爱的姑娘啊
> 若离此去修法
> 我少年也不待
> 云游到山里去

是的，他要的就是这样一个甜蜜的伴侣，一世的生死相依。他并不知道，这偌大的草原，朴素的村庄，竟满足不了他一个小小的心愿。任何人都要得起这份简单的幸福，唯独他——仓央嘉措，注定与平凡无缘。一份寻常的爱情，却是宿命给他的劫。的确如此，当有一天，他站在无人企及的高度俯仰众生，他会明白，原来高处是那么不胜寒。

　　爱情，在到来之前，你不知道是什么，到来之后，你就不再是自己。多少人一生都在寻寻觅觅，期待找到那个自己所爱，也爱自己的人，却往往事与愿违。可真正拥有了，又有多少人会努力去珍惜？那些许下的诺言，是否真的可以永远？那些爱过的人，到最后是否都成了过客？过尽漫长的一生，值得我们回味的人和事，还能剩下多少？

　　仓央嘉措，尽管他曾经拥有过爱情，但最终没能和心爱的人长相厮守，所以他会在爱河里沉浸一生。倘若他圆了梦，和心爱的女子结婚生子，又是否真的会一生幸福？人生多少故事，酿造出阴差阳错的遗憾，我们导演着一幕幕剧，看尽生死离别，却是那么无能为力。人之用情，若能收放自如，说开始就开始，说散场就散场，没有留恋，亦无纠缠，那该有多好？

　　多少人，在风口浪尖上一意孤行，到最后，终究抵不过固执宿命。看人世消长，我们总怪怨岁月太过逼人，从来不问问，自己种下过怎样的前因。说到底，光阴就像是流寇，一路上打劫着你我。仓央嘉措，五世达赖的转世灵童，这个背负了十五年的秘密，终究还是被逼到无路可走的地步。当你以为要天崩地裂的时候，真正抖搂了，也只是那么云淡风轻。

诀别

只要他一坐上布达拉宫的佛床，从此便与人间爱情诀别，那心爱的姑娘，将与他成为永远的陌路。

都说这世上，隐藏再深的秘密，也终有一天会暴露于青天。同样许多真相，亦会随着时光的流转，被积压在历史的尘泥之下，不见天日。所谓秘密，是有所隐蔽不为人知的，佛教指隐秘深奥之法。我敬佩那些可以为一个秘密守口如瓶的人，承诺之后，至死都不说出口。只是人心毕竟不是钢铁铸造，岁月锋利的刀剑，可以轻而易举就将其刺破。那时候，无论你封存多久的秘密，都将抖搂无遗。

始终认为，秘密到了成熟的时候，会完好无损地自然剥落。刻意去拆穿一个秘密，则是残忍。人生在世，想要守护的人，维护的事实在太多，当生命终结，才发觉原来一切都那么不足为道。所谓生亦何欢，死亦何苦。于这凡尘，我们都是匆匆过客，来来去去，看似带走了许多，回首之时，终究要交还一切。年轻的时候，爱过一个人，以为没有他，再灿烂的日子都将是索然无味。待缘分尽了，才恍然，自己其实并没有那样深情。

　　三百年前，仓央嘉措的母亲怀揣着那个秘密，每日惶恐不安。她知道这个秘密迟早会抖搂出来，害怕沉浸在爱恋中的儿子，难以禁受这突如其来的打击。五世达赖的转世灵童，这对许多人来说，是求之不得的荣耀，是修炼千年也难得到的正果。可不是任何人都需要这个头衔，不是任何人都可以承受得起这份贵胄。多少生在帝王家的人感慨万千，只期望来生转世，落在寻常人家，再不要受那无谓的争斗与纷扰。

　　一个人是否富有，不是看他有没有华丽或光鲜的外表，而是看其内心是否深邃。许多富庶之人，内心却贫瘠空虚，任何人都知道，丰盈的物质永远也填不满精神的需求。你追求浮华的世态，注定要失去清淡的生活。你安于平凡的现状，也注定会丢失闪耀的荣光。其实每个人都懂得这些道理，只是在抉择取舍的时候，难免会心存犹豫。都说有舍才有得，可当你真正要舍弃拥有的，那个瞬间，难道不会生出一丝留恋？

　　康熙皇帝在平定准噶尔的叛乱中，偶然从一个俘虏的口中得知五世达赖去世多年的消息。康熙对桑结嘉措隐匿不报的做法甚为愤怒，欲发兵征伐问罪。真相一被抖搂，担忧了十五年的桑结嘉措，终究还是逃不过这场劫。他极力让自己镇定，一面和五世班禅筹划着，尽快公布转世灵童的身份，并派使者将其接到布达拉宫，准备坐床大典。另一面发书函奏报朝廷，这些年匿不发丧并非出于自己本意，而是遵从五世达赖的遗嘱，为了稳定西藏政局，待尘埃落定时，再将转世灵童的身份昭告于天下。

　　由于桑结嘉措言辞恳切，语调谦卑，康熙见他给出的理由，也情有可原，加之大清入关这些年，依旧是连年征战，为了稳定西藏政局，他也只好将此事作罢。不但不加以惩罚，反而派了使臣去西藏参加六世达赖的坐床大典，并赐予许多金银珠宝和佛具法器。一个隐瞒了十五年的秘密惊现于世，以为会引起轩然大波，沧浪滚滚，却不知竟是这么轻描淡写，晃眼而过。桑结嘉措，这个城府至深的人，自从接任了第巴的职位，从未有过片刻的轻松。尤其守了一个天大的秘密十五年，他所承受的负累不亚于任何人。

在此之前，桑结嘉措已经做好了接受惩罚的准备，原以为只是投石问路，过得了多少算多少，却不想可以如此轻松渡河。平日里，我们看到激流滔滔，就望而却步，生怕会浪打船翻。当你勇敢地蹚过去，会发觉，再急的涛浪，也不过是几滴孱弱的水花。古来成大事者，皆有着常人所不能及的胆量与见识，他们有着深远的谋略，尽管他们对那些遥不可及的未来亦没有把握，但是依旧有承担失败的勇气。桑结嘉措就是这样一个智者，懂得未雨绸缪，敢于乘风破浪。

三百年前，当仓央嘉措的活佛身份被公开时，该是在哪个季节？我想应该是秋季吧，因为只有这个季节才懂得离情，只有这个季节才可以充当送别的使者。我们可以试想那一天桑结嘉措派去的使者，抵达门隅那个小村落时的情景。十五年前，他们秘密前来，不惊扰门巴族里的任何人。这一次，他们堂而皇之，盛大而隆重。五世达赖的转世灵童，这则消息如一声春雷，惊动了小山村数百年来的平静与安宁。世代淳朴的门巴族人意想不到，仅是天边狭窄的一角，竟然隐藏了一颗璀璨的明星。他的光芒在瞬间绽放，令高原的阳光亦随之暗淡失色。

这是何等的尊荣,就连仓央嘉措也被这突如其来的荣耀给震撼,一时间难以承受生命给予的重量。那时候,他正和心爱的姑娘在秋天的山头观赏红叶,牧着牛羊构想幸福的未来。当他知道自己被从天而降的荣宠砸中时,确实亦有喜悦掠过心头。任何一个人都明白,每一个活佛最终都将登上布达拉宫高高的佛床,接受万民的膜拜。十五岁的仓央嘉措,还是一个刚刚长大的孩子,他柔弱的内心,如何禁得起这天大的诱惑。

仓央嘉措就是这样被桑结嘉措派来的使者,从门隅这个小地方匆匆接走的。他甚至还来不及和乡亲邻里道别,来不及和心爱的姑娘说一句离别的话语,来不及为两鬓生了白发的母亲擦去脸上的泪痕。就这样被使者一路风尘,带至遥远的拉萨。活佛那顶璀璨的金冠,带给他无限的幻想,他几乎是哼唱着情歌,做着美梦走进金碧辉煌的布达拉宫的。这个十五岁的少年,甚至幼稚地以为,待他坐上佛床,就可以拥有天下,可以爱自己所爱,过自己想要的日子。

十五岁的仓央嘉措根本就不会知道,只要他一坐上布达拉宫的佛床,从此便与人间爱情诀别,那心爱的姑娘,将与他成为永远的陌路。更不会知道,那个在世人眼里至高无上的活佛,不过是桑结嘉措棋盘上的一粒棋子,是他给康熙皇帝的一个交代。这世上多少帝王都有名无实,成为别人控制天下的傀儡。活佛虽不是帝王,却有着跟帝王一样的至高尊贵,甚至更神奇的荣耀。在世人眼里,活佛应该有着一颗济世悲怀的心,应该有着无边的法力,可以度化芸芸众生。然而没有谁相信,纵算为佛,亦有着身不由己的无奈的悲哀。

1697 年,仓央嘉措被选定为五世达赖的转世灵童,是年,自藏南迎到拉萨，途经浪卡子宗时，以五世班禅罗桑益西为师，剃发受沙弥戒，取法名罗桑仁钦仓央嘉措。上苍终于将仓央嘉措本该得到的归还给了他，只是没有人问过，这是否真的是他想要的？就连仓央嘉措自己亦不明白，他的人生从此将得到些什么，又将失去些什么？难道每个人来到人间，都是为了讨债和还债的？待到把所欠的讨回，把该还的还清，我们还追求什么？争执什么？

落花且随流水，沧海已是桑田。仓央嘉措彻底与过往的生活脱离，从此再也没能回到童年的小山村。没想到，那一日匆匆离去，竟成了永别，那个秋天，就像是他人生里的最后一个秋天。因为仓央嘉措，这一生再也没有见过那么美丽的红叶。就在刹那，他恍然明白，过往熟悉的人物和景象，以后只能在梦里见到。梦，他开始期待自己可以睡下去，并且一直梦着。

难道只要一坐上高高的佛床，他就真的成了佛，可以让世间一切残缺变得圆满？

又做梦了，梦里我去了布达拉宫，在梦的幻影里，我看到的是一座海市蜃楼。那么多的人，在佛陀的脚下虔诚膜拜。飘摇的经幡，舞动今生的信仰，转动的经轮，摇醒前世的记忆。整个宫殿在高原炽热的阳光下，那么壮丽辉煌，那么无与伦比。这座宫殿，虽然凝聚了斑驳沧桑的历史，收藏了古往今来的故事，落满了岁月飞扬的尘埃。但是它清白，清白地伫立在苍茫的红山上。又是那么宽容，仿佛有着博大的襟怀，可以收纳人间万象。

醒来的时候，才发觉住在布达拉宫的人是仓央嘉措。一个从门隅小地方走出来的少年，何曾见过这等富丽堂皇的宫殿。他的生命中，从来只有淳朴的民风民情，只有草滩溪涧，老屋牛羊。睁开眼，他看不到儿时一起长大的伙伴，看不到青梅竹马的邻乡女孩，看不到对他殷切关爱的慈母。眼前的物象有如黄粱一梦，楼阁殿宇，金堂玉阶，有种让人无法言说的清明与华贵之势。布达拉宫就是一座巨大的藏族文化宝库，珍藏了太多的历史文物和珍宝。而仓央嘉措就这样跌进前世一场华丽的梦中，无休无止地梦下去，不知哪一天，才能彻底醒来。

我们已经习惯把人生当成一场戏梦，可明明知道是戏，却依旧演得那么投入，活得那么当真。欢乐时会开怀大笑，悲伤时会痛哭流涕，惶恐时会惊慌失措，寂寞时会哑然失语。虽是戏，却又是那么漫长，一场落幕，一场又开始，不知道何时才会有个了断。也曾想过此生挨过几十年的光阴，尝尽人生百味也就罢了，只是那时候，是否还是当初的自己？都知道再难熬的日子，都会倏然过去，可依旧挣脱不了心里纠缠的结。

1697 年的 10 月，在拉萨举行了一场盛大的坐床典礼，十五岁的仓央嘉措正式入主布达拉宫，成为第六世达赖喇嘛。他就这样被捧至神佛的高度，接受万人的顶礼膜拜，有些莫名，有些无奈，有些惊喜。他叩首感叹："违背上师之命，实在感愧。"那一刻，他感觉自己真的是佛，脚下的苍生是他的子民，他的使命，就是将他们度化，倾尽一切，为他们消除苦难。可是他真的具有佛那样无边的法力么？难道只要一坐上高高的佛床，他就真的成了佛，可以让世间一切残缺变得圆满？

不，不是这样的。直到后来，仓央嘉措才知道，在这条通往佛界的路上，他是孤独的，没有同行者和唱和者，这条路，满是荆棘，让他伤痕累累。那是因为他的心始终背负着人间最至真的爱，越不过红尘情爱的藩篱，所以纵算他有佛的灵性，终究只是徒添遗憾。这世间就从来没有完美之事，就如同月圆月缺，花开花落，聚散离合。当你倾心投入，想为一个人、为一件事不顾一切时，必然要接受命运的惩罚。

仓央嘉措，这位年轻英俊的达赖喇嘛坐在高高的佛床上，就连第巴桑结嘉措和在世班禅都对他恭敬有加。他暗暗告诉自己，从此他就是布达拉宫的王，主宰这里的一草一木、一砖一瓦。他实在是太天真了，他不知道，自己不过是一个有名无实的王，莫说不能主宰众生，就连自己的命运都无法主宰。按照活佛转世章程规定，转世灵童年满十八岁才能亲自主持政事。此时的仓央嘉措十五岁，所以他必须要等到三年之后才可以亲政。在此之前，所有的政事都将由第巴和班禅共同处理。

仓央嘉措身居西藏政教首领地位，住在布达拉宫至高的宫殿，被许多僧众包裹地活着。可是他孤独，甚至过得艰辛而疲惫。因为他的身份特殊，以往的转世灵童从四五岁就坐床接受正式的培育，而仓央嘉措这十五年，都深居在边远的小村落，陪伴他的是溪流山花，野草牛羊，还有动人的情歌，以及邻村女孩露着皓齿的微笑。尽管他曾经也在巴桑寺学过经文，可是当时的经师对他管束不严，加之那是定期学习，不属于全日制。那时候仓央嘉措尚不知自己的身份，只以为是父母的安排，让他习经，参些禅意，读懂慈悲。

如今仓央嘉措每日面对的是经师严格的督促，他所有的时间都是枯坐读经，那么多的经文没完没了地摆设在他面前，让他感到前所未有的负累。这时桑结嘉措开始有些着急，他深知这个少年已经被高原的野风浸染，想要彻底脱去他身上的野性，不是短时间所能做到的。三年，他要用三年的时间，将这个放任了十五年的孩子驯服，让他成为一个完美的六世达赖，伟大的政治领袖。只是三年过后，桑结嘉措真的舍得将一生苦心经营的政权，拱手交付给仓央嘉措吗？

没有人可以给出一个肯定的答复，包括桑结嘉措自己。自古以来，在权力和欲望之下，多少人为一根权杖、一顶王冠、一枚玉玺不顾一切，宁死争夺。一个原本纯良的人，原本淡泊的人，在欲念的驱使下，亦常常会做出一些难以自控的事。隋炀帝杨广被称为千古暴君，性情酷冷，心胸狭窄，他残害兄长，篡位弑君，在历史上留下骂名。可是哪个朝代的帝王的江山不是踏着万民的尸骨堆砌而成的？一代明君唐太宗李世民在玄武门之变时，弑兄杀弟，逼父让位，难道他的做法就是显露其英雄本色？是非功过也只是后人评说，而他们死后，所能留下的，仅是一座冰冷的墓碑，纵然建造了富丽堂皇的地宫，也不过是一种虚无的摆设。

其实我们都是名利的奴隶，明知道人生不过百年，还是要厮杀争夺，拼得血肉模糊。此时你踏着尸骨坐享天下，明日谁又来为你收拾江山那盘散落的棋局？那些帝王在拥有天下的时候，就四处求取仙方，修炼丹药，期待可以长生不死。生怕辛苦打下来的江山，会随着生命的终止转瞬化为乌有，他们深知这世上并无此不死良方，依旧想方设法地寻求。或许这就是所谓的不甘，不甘自己一世心血，付诸东流。可是人力真的可以奈何得了天数？帝王被尊称为天子，然天子和凡人亦没有分别。还有被尊称为活佛的达赖喇嘛，他们同样也是凡骨俗胎，纵然有不死的灵魂，却没有不老的肉身。

可是活着的人，却顾不了那许多，该争还是要争，该贪还是要

贪，该爱还是要爱，该恨还是要恨。哪怕用一生颠沛的时光，换取一日的安稳，也无怨无悔。今日你是帝王，明日或许就成了流寇，今日你拥有的天下，明日或许成了土丘。这些浅显的道理十几岁的少年都知晓，可是要放下一切，却需要经历几十载内心的争斗。多少人，到死的那一天，都认为自己的忙碌没有过错。这就是人性，倘若每个人，从生下来，就想到死，那么生之喜悦，以及那个甜酸苦辣的过程，将变得毫无意义。

或许仓央嘉措从来都没有想过要坐拥天下，叱咤风云。自从住进了布达拉宫，他才知道，这里的生活远不是心中想象、眼底看到的那般美好。他就如同一只金丝雀，被关进华贵的笼子，每天等待主人喂食，偶尔随着他闲庭信步于楼前，看着远方辽阔无边的风景，想要飞翔，又发觉早已被命运折断了双翅。他渴望自由，每一天孤独地远眺窗外，希望会有人经过，心生悲悯帮他逃生。这时候，他几乎忘了，自己是佛，忘了他住进布达拉宫的使命，是为了拯救苍生，让他们不要在如泥的尘世沦陷。

是的，沦陷，如今真正沦陷的是他。每一日读着枯燥的经文，参悟烦琐的佛法。担任仓央嘉措的经师对他格外严厉，因为稍微地松懈，都会引来第巴的严惩。桑结嘉措在忙完政事后，有时还会亲自给仓央嘉措授课，这让他更加惶恐不安。我们几乎可以想象得到，三百年前，那个十五岁的少年，被关在布达拉宫繁华的宫殿里的情景。手捧经书，坐卧不宁，他时刻想着如何才能脱离束缚，还他往日的逍遥。

事实上，历代活佛都是在年幼时就被指定为转世灵童，他们的今生也只是平凡的孩子，却要为前世承担责任。无论他们是否愿意，都必定要有别于其他的孩童。不能顺其自然地成长，不能自由自在地生活，在他们很小的时候，就被关进修行的牢笼，接受宿命的裁判。这一生，他们连选择的权利都没有，注定要用平凡的幸福，换来万民的敬仰。孤独地坐在佛床上，经卷是知音，念珠是佳人，梵音是情歌，酥油灯是唯一的光明。

相比之下，在凡尘放飞纵横了十五年的仓央嘉措，岂不是比别的转世灵童更为幸运？至少他拥有过自在闲逸的时光，沐浴过山风明月的温柔，和美丽多情的少女相恋过。只不过这一切美好，如同远去的黄鹤，不复回返了。落去的桃红还会有再开之季，西沉的明月还会有再起之时，离别的恋人还会有重逢之日，而仓央嘉措，与缤纷的红尘，则是永远的诀别。

来不及了，一切已经太迟。罂粟真的很美，可当你服食下去，才知道那是一种带了剧毒的药。明白之后，已经中毒太深。你想要成为布达拉宫的王，就必然要付出常人不能承受的煎熬。仓央嘉措在这里不分寒暑，辛苦地学习佛法，纵算他心中有多少的不情愿，甚至浮躁不安，可他毕竟是转世灵童，骨子里带着佛性与灵慧。在短暂的时间里，仓央嘉措的学业就突飞猛进，这让桑加嘉措倍感欣慰，在某些不经意的时候，会给他一个淡淡的微笑。

这微笑对仓央嘉措来说，是那么苍白无力。每当夜幕降临，布达拉宫里人群散尽，这里的每一件物品，都卸下了白日的粉黛妆颜，显得无比宁静。这时候仓央嘉措的心被孤独啃噬，他怀念呵，那个给过他一切美好的小山村，怀念那里夜空的颜色，野花的芳香，怀念门巴族人在篝火旁喝酒唱山歌的情景，怀念母亲在灯下缝补貂皮，更怀念他和心爱的姑娘在月光下幽会时的温情。

> 在极短的今生之中
> 邀得了这些宠幸
> 在来生童年的时候
> 看是否能再相逢

　　梦醒之后，他已泪流满目，这偌大的布达拉宫，只有月光洒落在他的佛床。想召唤一只鸟儿，托它给远方捎去消息，它呜咽的鸣叫声似在告诉他，它过得并不自由，尽管它有一双飞翔的翅膀，却是那么身不由己。世间万物，都活着，都还有呼吸，都身不由己。

囚鸟

如果今生将永远囚禁在这座华丽的宫殿里，那么请将我交还给前世，或许我还可以再选择一次，再经受一次转世轮回。

人只有在彻底失去的时候，才会入骨地怀想曾经有过的美好，从前的片段则如影随形，时刻在脑中浮现。这时候，我们都禁不住要问自己，如此放不下，究竟是爱上了怀旧的情调，还是过往真的值得悼念？有人说，一个过于怀旧的人，并不一定是因为过去多么灿烂，而是他不能安于现状。人世纷纷扰扰，谁又能说自己有足够的力量，可以抵御万千风尘。当你无法接受陌生的风景，不能适应崭新的生活，就必然会怀念曾经熟悉而温暖的事物。

一个看似强大的人，其实他的内心却是薄冰筑的城墙，遇火则化，一推即倒。一个看似柔弱的人，他的内心却是用一砖一瓦细致堆砌而成，简单平实，坚硬牢固。然而这一切，皆源于人生的际遇，倘若岁月旅途上平稳顺畅，心中的伤痕则少，不至于脆弱不堪。若是命运一波三折，其心必然千疮百孔，到那时，任你如何去缝合补救，也无法拼凑到最初的模样。

　　这世间有些事可以后悔，有些事连后悔的资格都没有。就好比仓央嘉措，当他每日背诵乏味的经文，手持木讷的佛珠，闻着同一种檀香，他的内心深处一定会悔不当初。可是他有后悔的资格吗？当年他被使者接进布达拉宫，根本就无从选择，因为他被命定为五世达赖的转世灵童，此生就只能为前世而活。无论他是否愿意，他都必须接受坐床典礼，接受这份至尊无上的荣耀。如果他也曾有过喜悦，那是因为一个十五岁少年，还有着一颗稚嫩的心。突如其来的命运变更，让他没有时间去思考这究竟是一种荣宠还是缺憾。

　　这是上苍赏赐给他的礼物，一份不可抗拒，却沉重如山的礼物。没有人问过他是否背负得起，来到这世上，他注定成为传奇。当他坐在布达拉宫的佛床上，坐立不安地诵经，参禅，心思却随着窗外悠然踱步的清风飘去了远方。那个曾经称为故乡的偏远小村，给过他忘乎所以的快乐，却给不起他一个安稳平淡的归宿。他的归宿是哪儿？他肉身的归宿一定是布达拉宫，可是心灵的归宿，却是那个叫门隅的山川。

　　每个人心中都有属于自己的信仰，这信仰未必是宗教，你可以信仰一棵树，信仰一株草，信仰一只羊，还可以信仰爱情。如果让仓央嘉措选择，我想他会选择一辈子守着一间简陋的小屋，守着自己的爱人，和他一直喜欢的自然风物。尽管，他内心深处也崇尚佛教，喜读经文，但这些却不能成为生活的全部，只能当作一种点缀。他的生命注定是残缺的，因为他被情爱这温柔的枷锁捆缚，想要挣脱，此生怕是不能。

　　在此之前，没有人告诉他，一个淳朴浪漫的门巴族人不能拥有爱情。当他情窦初开，与邻村女孩互相爱慕的时候，为什么没有人告诉他，他今生注定没有圆满的婚姻？仓央嘉措，这个住在布达拉宫的活佛，发出悲哀的感叹："如果今生将永远囚禁在这座华丽的宫殿里，那么请将我交还给前世，或许我还可以再选择一次，再经受一次转世轮回。"难道他不知道，转世轮回早已在三生石上写好，走过岁月的忘川，谁也不能选择自己未来的命运。

芨芨草上的白霜
还有寒风的使者
当然就是它俩呀
拆散了花朵和蜂儿

天鹅爱上芦苇
心想停留一会
可那湖面冰封
叫我气丧心灰

这个春天，拉萨的春天，仓央嘉措在温柔的春风里，闻到绿草淡淡的清香，看到白云悠闲地漫过窗前。这些自然风物，又撩起了他心中对故乡无限的渴望。都说佛是万能的，可以把人世间的一切看得明明白白，可如今的仓央嘉措，被称为活佛，为何连自己的人生都无法打理？思念如野草在心底疯长，让他不知所措。没有人真正知晓他的心事，他期待黄昏，期待夜色的到来，那时候，尽管寂寥，那简短的时光却真正属于自己。

　　白日里，仓央嘉措刻苦地学习经文，不敢有丝毫的怠慢。只有在夜深之时，整座宫殿安静下来，他才敢取出笔墨，悄写情诗。人就是如此，当你拥有的时候，或许会觉得一切并不是那么重要。失去之后，却是日思夜想，期待有一天可以将遗落的珍宝夺回。多么矛盾，但不知从何时开始，我们已经恋上这样的矛盾，愿意与一些莫名的情绪纠缠不休。

　　　　　　我往有道的喇嘛面前
　　　　　　求他指我一条明路
　　　　　　只因不能回心转意
　　　　　　又失足到爱人那里去了

　　　　　　我默想喇嘛的脸儿
　　　　　　心中却不能显现
　　　　　　我不想爱人的脸儿
　　　　　　心中却清楚地看见

　　　　　　写成的黑色字迹
　　　　　　已被水和"雨"滴消灭
　　　　　　未曾写出的心迹
　　　　　　虽要拭去也无从

尽管如此，仓央嘉措也并非对权力无动于衷。在这座伟大的宫殿，他是活佛，本该拥有至尊的地位和王者风流，主宰万民苍生。可如今在这偌大的空间里，他连说话的资格都没有。他渴望三年时光早些过去，自己可以主持政事，在这威严的大殿里，发出属于他的声音。不是仓央嘉措贪恋权贵，在已经不能更改的局势里，他唯有低头屈服。既然回不到从前，他亦不可以沉沦于现在，他是活佛，就应当遵从活佛的方式生存下去。

　　所以，这三年来，仓央嘉措尽管忘不了过去美妙的流光，忘不了青梅竹马的情人，但他亦活得清醒，他深刻地懂得，唯有学业修成，第巴桑结嘉措才会将西藏的政权交付给他。三年囚鸟般的生活，让他感觉自己身上尚存的灵性在渐次消失，往日对生活的激情也悄然淡去。仓央嘉措就像是一棵枯草，需要阳光和雨露的浸润，才可以重生。是的，他渴望重生，渴望真正坐上高高的佛床，在大殿里和总僧议事，听到万民的声音，用自己的力量，为他们解难排忧。

　　　　花开季节过了
　　　　玉蜂可别悲伤
　　　　和情人缘尽了
　　　　我也并不悲伤

　　如果缘分真的尽了，亦不要过分地悲伤。就将记忆埋在心底，在无人的时候，独自沉思，想象曾经美好地相处过，只是短暂得如同一场花开。花错过了开放的季节，还会有来年，他错过的缘分，还可以重来吗？

不能再去想了，一个人过多地耽于昨天是自苦。倘若此生仓央嘉措都不能离开布达拉宫，那么他唯一的出路，就是解脱自己。红尘与佛界，隔着的是一道悬崖，是一条河流，他要么纵身一跃，要么就是乘舟渡河。

只是，仓央嘉措总算熬过了三年，三年的艰辛，三年的束缚，他是否该破茧而出？做一只自在美丽的蝴蝶，在百花丛中，骄傲地翩跹起舞。哪怕是一朵浮云，无根无蒂，至少也可以海阔天空。十八岁，终于盼来了十八岁，这是达赖喇嘛亲政的年纪。十八岁的仓央嘉措，已经从一个俊朗的少年长成一个睿智的青年，诵经念佛三年，让他脱去了草原的野性，拥有了深邃的学识。

可为什么，桑结嘉措迟迟不肯将权杖交至他手上？坐在布达拉宫的佛床上，尽管每天有人匍匐在他脚下，可是他一如既往，没有丝毫执政的权力。他依旧是桑结嘉措摆布的棋子，比之从前，更加懦弱，更加束手无策。难道是纷繁的政事让桑结嘉措忙得忘了吗？他怎么可以忘记？三年的忍耐，三年的修炼，说忘了就这么一笔勾销吗？

不，桑结嘉措并没有忘，假如他真的忘了，仓央嘉措应该还是关在屋子里习经诵佛，而不是坐在大殿之上，倾听僧众的朝拜。这一切不过是假象，因为桑结嘉措会在背后假装与仓央嘉措商议政事，事实上，决策权仍旧掌握在桑结嘉措的手中。并且他时不时还会提到还权于他的话题，只是每当仓央嘉措翘首以盼，最终都以失望告终。

年轻的仓央嘉措，不知道该向谁讨一个说法。看着拈花一笑的佛，他亦笑了，只是他笑得隐忍，笑得无奈，笑得全然没有佛者的从容与平和。他是布达拉宫的王者，只是在无人问津的舞台，独自导演着一场悲喜无常的戏。

问
佛

和有情人，做快乐事，莫问是劫是缘。其实他
自己就是佛，佛的解答就是他的解答。

这世上，的确有太多阴差阳错的故事，许多错过，许多擦肩，
让人啼笑皆非。很多人喜欢为自己安排好行程，将想要做的事，都
记载于人生的书页里。可世事千变万化，过程或许尚能预测，结局
却总是出乎意料。于是我们不断地删改情节，不断地委曲求全，到
最后，想象与真实之间有着天渊之别。

布达拉宫，一座属于西藏高原的华丽的宫殿，一座人间浓墨重
彩的舞台。多少转世灵童，在那里抹去过往，将情怀更改。然而不
是你依从了谁，谁就会让你如愿以偿。仓央嘉措用三年的时间，想
换取以为理所当然属于他的权杖，终究也只是如水中泡影，转瞬即
逝。好比我们想方设法要喝一杯茶，可因为等待的时间太长，捧在
手中已经凉却，喝下去已不是那般滋味。但这样，至少我们还闻到
茶的芬芳，而仓央嘉措，坐在空旷幽深的宫殿里，感受到的则是无
边的寂寥与无奈。

有人说，仓央嘉措是幸运的。如今想来，他的确比以往几世的达赖喇嘛要幸运。那些转世灵童，自小就要接受正规的佛教学习，他们何曾有过无忧的童年，浪漫的时光。而仓央嘉措，十五年来对自己的身份毫不知情，他在没有任何压力与负担中度过人生最纯美的光阴。十五年，多么漫长，用十五年的快乐，交换未来岁月的身不由己，他是值得的。

然而没有谁规定，仓央嘉措就该满足，就该为自己幸福的过去付出代价。纵然他在布达拉宫里，苦修三年，也无法弥补曾经错失的机缘。当第巴桑结嘉措打算对五世达赖的死匿不发丧的时候开始，仓央嘉措就失去了成为六世达赖的最好时机。桑结嘉措怎么舍得将掌控数十年的政权轻易让出？给一个在民间疯野了十五年的孩子，他真的放心吗？尽管如今仓央嘉措有了三年修炼的成果，对桑结嘉措来说，还远不够他心中的标准。五世达赖罗桑嘉措的雄韬伟略，在他心中已经根深蒂固，那些非凡的成就，又岂是仓央嘉措所能取代的？

所以，纵算仓央嘉措望穿秋水，桑结嘉措也始终没有将那根代表王者的权杖交至他手上。仓央嘉措在等待和隐忍中，又煎熬地度过了两年。这两年，他极力让自己心平气和地对待每件事，每个人。这两年，他让自己彻底地沉浸在浩瀚的佛法里，几乎要忘记曾经年少的一切。不是忘记，应该是完好地将从前包裹起来，尘封在内心一个不能轻易碰触到的角落里珍藏。尽管有些辛苦，但他做到了，佛经让他的心湖渐渐地平静。他告诉自己，在无力还击的时候，唯一可以做的，就是忍。

人间事真是阴晴难料，悲喜无常，仓央嘉措极力让自己在等待中平静，却还是被一个突如其来的消息，伤得无以复加。母亲和邻里从遥远的门隅来看他，给仓央嘉措带来了恍如隔世的惊喜，同时也带来了一个令他悲伤不已的消息。这则消息，彻底粉碎了这些年来他坚定不移的信念。自从离开门隅，仓央嘉措被关在布达拉宫这美丽的牢笼里，只依靠着从前美好的回忆度日。无数个午夜梦回，他都幻想自己和心爱的姑娘在月光下的草滩私会，诉说温柔的话语，梦里他闻着她芬芳的气息，看着她甜美的微笑。

　　　　我和会场上的姑娘
　　　　虽结下三句盟约
　　　　好象花蛇盘起来
　　　　没碰它自己就开了

　　　　渡船虽没有心
　　　　马头却向后看我
　　　　没有信义的爱人
　　　　已不回头看我

　　　　姑娘不是妈妈所生
　　　　怕是桃树生的
　　　　为什么她的爱情
　　　　比桃花谢得还快呢

这个梦，就这样被残忍地惊醒，甚至不给他任何喘息的机会。那个与他海誓山盟的门巴族姑娘，已经披上嫁衣做了别人的新娘。仓央嘉措的心被这则消息彻底击碎，往日的欢情历历在目，许下的誓言还环绕在耳边，为何转眼一切就暗自更换？难道誓言就真的轻如薄纸？难道人心就真的如此易变？他苦苦痴守的爱情，在她那里，就真的那样微不足道么？

　　热爱自己的情人
　　被别人家娶去作妻
　　心儿被相思折磨
　　已经身瘦肉消了

　　野马跑到山上
　　可用绳索捉住
　　情人一旦变心
　　神力也捉拿不住

　　或许我们该为那个门巴族的女孩抱怨不公了，仓央嘉措当年急促地离去，甚至连一句道别的话语都来不及说。待女孩得知他是转世灵童之后，知晓他们此生相见无期，应该是哭得肝肠寸断。几年来，他们彼此音信全无，只能守着过往温馨的片段疗伤。明知道是一场没有结局的等待，可她依然痴守在离别时的路口，欺骗自己或许会有奇迹发生。然而她的痴情，换来的是众人异样的目光，是家人残忍的指责。当诸多与她年龄相仿的女孩纷纷出嫁时，她想尽一切办法编排出的理由是那么苍白无力。

仓央嘉措真的错怪了她，她用自己的决绝坚持到最后。尽管门巴族人淳朴厚道，但是他们亦不会容忍一位年轻姑娘，为一场无期的约定，做着痴傻的等待。无论她有多少青春可以浪费，亦无法与滔滔不尽的时光比拼。倘若仓央嘉措设身处地为她着想，定会后悔自己写下这样残忍的诗句。若说辜负，是他背离于先，虽有苦衷，终究还是他有负于她。自从他住进了布达拉宫，意味着所有的誓言都将化作灰烬，他再也没有资格拥有爱情，更无资格去怪怨那个无辜的女子变心嫁作他人妇。

只要仓央嘉措闭目冥想，就可以想到心爱姑娘的凄凉处境，她在绝望中等待，最后熬不过众人的指责，含泪披上嫁衣，做了别人的新娘。这一生，她又怎么还能拥有真正的幸福？一段初恋葬在心底，每一年，思念都会随着春草蔓延，她的魂灵注定为他不安。假若她读到仓央嘉措的诗章，又该会怎样痛哭流涕？也许我们不该怪怨谁，那薄浅的缘分已经令他们痛心疾首，又何忍做出伤情的指责。

这该是仓央嘉措最落拓、最痛心的时候。四年的傀儡生涯，令他亲政的理想破灭，如今又尝尽失恋的锥心之痛，令他心灰意冷。悲痛欲绝的年轻活佛，无法静下心来思考一切。他不知道，那时候西藏的政局还在风中飘摇，拉藏汗的野心，让第巴桑结嘉措不敢有丝毫的怠慢。纵然不受权力欲望的驱使，桑结嘉措也不敢将政权轻易交给一个涉世未深、不曾参政的孩子。仓央嘉措如何明白，政治斗争远胜过情感斗争的激烈，一场厮杀会带来惨绝人寰的伤害，会使得生灵涂炭。情感的伤害虽是人间炼狱，但是个人与众生相比，就显得太渺小了。

佛家信因果，难道仓央嘉措今日遭遇的一切，是他曾经种下的因，该受的果吗？几年来，他的人生有了沧海桑田的变化，这难道就是活佛必须承受的苦痛，必须付出的代价吗？如果是，他无话可说，就当作此生的福报吧。希望历过此劫，以后的日子，可以海阔天空。只是他依旧感到一种前所未有的绝望，因为他枉做活佛，莫说拯救世人，就连自己都解脱不了。

过往的誓言，都成了虚空。昨天的故事，也已结束。仓央嘉措应该明白，荣枯无意，聚散随缘。只是当他站在时光的水岸，看浮世倒影，依旧感慨万千。人生，其实就是一本无字经书，仓央嘉措修炼了多年，亦读不懂，参不透。

是的，留人间多少爱，迎浮世千重万变。和有情人，做快乐事，莫问是劫是缘。其实他自己就是佛，佛的解答就是他的解答。一个人，可以清醒地解答自己的疑问，那么他的心已经澄明如镜。

渡口

那个秋天是人生离别的渡口，一个为了前世的宿债远赴天涯，一个为了没有结局的约定虚无等待。

对于任何一个信缘的人来说，都会明白，世间的情缘，是该聚的聚，该散的散，缘分尽时，一刻也不会停留。有时候人与人之间的缘分，不如一株草，草尚可经历春荣秋枯，而浅薄的缘，则短如春梦。是的，就如同做了一场梦，梦醒之后，你伫立在凉风的窗前，发觉自己又回到生命的最初，一无所有。只是这样的一无所有，是否还清白？还洁净？

台湾作家席慕蓉曾有一首诗《渡口》。

"让我与你握别，再轻轻抽出我的手。知道思念从此生根，浮云白日，山川庄严温柔。让我与你握别，再轻轻抽出我的手。年华从此停顿，热泪在心中汇成河流。是那样万般无奈的凝视，渡口旁找不到一朵可以相送的花。就把祝福别在襟上吧。而明日，明日又隔天涯……"

席慕蓉的渡口，是离别的渡口，充满了眷眷柔情与依依别意。这些年，不知道感动了多少为爱痴心不改的人。也不知从何时开始，我喜欢上了渡口，人生的渡口，岁月的渡口。过往的船只从这里出发，又从远方归回这里。所以，相逢也是渡口，离别也是渡口，缘起也是渡口，缘灭还是渡口。渡口两个字，蕴藏了太多的人生况味、离合聚散。我的渡口，应该是清淡的，不会有许多来往的过客，只偶尔有伶仃的人，打这儿经过，云淡风轻。

我想起仓央嘉措的渡口，亦是离别。当他得知心爱的姑娘嫁作他人妇时，他本就支离破碎的心，更是碾碎成灰了。其实当年他被带进了布达拉宫，就意味着他们的缘分彻底地结束，意味着他们从此注定是天各一方。那个秋天是人生离别的渡口，一个为了前世的宿债远赴天涯，一个为了没有结局的约定虚无等待。仓央嘉措是布达拉宫的王，是一个没有王后的王。爱情在这座华丽的宫殿里，已成为一场久远的传说。松赞干布和文成公主拥有过，当五世达赖重修布达拉宫后，这里就成了没有男欢女爱，远离颠倒梦想的菩提道场。

这一切对仓央嘉措来说，真的太迟了，都说情爱是毒，他已中毒太深。倘若从来不曾开始过，倘若在他不知人事时就被带进布达拉宫苦读经文，也许他就是一位不懂情爱、没有欲求的喇嘛了。在我们的印象里，总觉得佛是无情的，因为他不能有情，不能落泪。可若佛真的无情，又何来悲悯之心度化众生？佛家有太多的清规戒律，难道守着清规，归隐深山禅林，不问世间万事，就是得道，就是慈悲吗？而一个贪恋情爱、吃了酒肉的僧者，在红尘深处传扬佛法，就成了罪恶？

这世间让人疑惑的事太多，我们无法克制自己的欲望，又为何要去责怪别人的贪嗔痴恋？难道佛就该彻底无私，佛就该为芸芸众生而活吗？如果仓央嘉措不是转世灵童，他的人生将会是另一番景象，在那个属于他的狭小空间里，平淡安宁，无声无息。没有如果，他既然坐在布达拉宫高高的佛床上，就该为至尊的荣耀付出代价。他受到惊扰了，受到俗世的惊扰，受到情感的惊扰，所以他不快乐，所以会写下这样无奈的诗句。

第一最好是不相见
如此便可不至相恋
第二最好是不相识
如此便可不用相思

假如这世界，谁也不知道谁，也许就真的安静无声了。只是那样的岑寂，还算是烟火人间吗？仓央嘉措说不相见、不相知、不相伴……任何一个生存在凡尘的人，都不可能做到不相遇、不相欠。想起纳兰容若的诗，人生若只如初见。每个人都在期待人与人之间的邂逅，都是最初那样美好，那样纯一。没有伤害，没有浮尘，没有深刻的爱，也没有入骨的恨。试问，这样的人生，还有滋味么？

既然落入凡尘，就该遵守凡尘的规则，不惧生死，敢爱敢恨。纵然被烟火呛得泪流满面，也要策马扬鞭，纵浪行舟，孤注一掷，不留后路。话虽如此，当你被风雨刀剑割得千疮百孔时，谁又来为你疗伤？有多少人是真正的勇者，站在风口浪尖，等待命运的裁判，等待时光来宰割？没有谁真的愿意看到生灵涂炭，血肉模糊，许多人的心都向往平和，向往安宁。所以才会追求浪漫与柔情，才会这般喜爱仓央嘉措的诗，会原谅他身为佛，仍贪恋人间情爱所犯的罪。

有人说，仓央嘉措真的是执迷不悟。整整四年的时间，苦读经文，参悟佛法，却依旧避不过这场浩荡的情劫。他的诗让人们证实了他情僧的身份，在整个修佛的过程中，他始终不忘的是红粉佳人。也有人

说，这才是真正的仓央嘉措，一个至情至性的人，深入红尘的人，才可以修炼成佛。佛不是一个虚无，佛亦是人的化身，因为参透世间一切，才置身事外，悠然于云端之上。也许仓央嘉措在修行的过程中，必须要经历情劫，才可以成佛，一个在婆娑世界里，度化众生的佛。

我们很想知道，失恋之后的仓央嘉措，究竟会重新选择怎样的一种生活方式。他会不会从情感的泥淖里走出来，从第巴桑结嘉措的手中夺回权杖，以他西藏政教的首领地位，开始真正执掌政教大权？又或者是，从此安分守己地听命于如来，在布达拉宫静心参禅？显然这一切都没有，他的性情，已经注定了他今后的人生。就像是一场戏，在开始的时候，我们就可以预测到结局。尽管如此，没有多少人可以平心静气地品味过程，我们的心情依旧会随情节而跳跃波动。

其实当时西藏的政局一片混乱，而仓央嘉措却沉浸在个人悲伤的情绪里无法自拔。对仓央嘉措来说，他并不在乎权势，甚至不在乎他六世达赖喇嘛的地位。然而这不意味他对众生没有丝毫的奉献与教化，只是他所选择的方式不同。他用真诚和慈悲的情感让世人感受到，佛法不是高不可及，禅不只是为了超度自己，修炼来世。今生我们的心已经够浮躁，需要他充满灵性和柔情的诗歌来净化，只有今世得到解脱，才会有来世的轮回。

他毕竟是仓央嘉措，权欲与爱情，他选择后者。对向往精神世界的人来说，爱情是极致的奢侈品，真正可以拥有的人不多，更何况是一个不能沾染人间情爱的活佛。明知如此，他依旧孤傲地走下去，看似漫无目的，恣意轻扬，但他的心，清楚自己到底想要什么。就算他的世界是风霜雨雪，我们这些迷恋上他情诗的人，又有什么理由选择半途放弃？

做自己想做的事，爱自己想爱的人，

——不问对错，不管结果。

卷三

为卿憔悴欲成尘

风情
烟火
罪证
错误
执迷
破碎

我们可以打理包袱去远方追寻别人的故事，迷离的时候，相信总会有一株植物，一缕阳光，守候在某个相逢的渡口。

　　也许我们都知道，只要生命不断，人生的故事就一直在继续。一段故事的结束，意味着另一段故事的开始。多少来来去去的缘分，我们会得到些什么？又会失去些什么？如果一个人将所有的激情都耗尽，他的世界是不是从此将安静无声？

　　有人说，如果你真的厌倦了纷扰的都市，就选择独自远行天涯吧。去乌镇那个朴素安宁的小镇，去丽江那个幽静又风情的小城，或放逐到西藏，那个离天很近，可以随手摘取白云的高原。可是这些地方，就真的安宁么？不会有故事发生么？《似水年华》里的英小姐去了一趟乌镇，就与乌镇的文发生了一段刻骨的恋情，难以自拔。丽江玉龙雪山金顶的一米阳光，有一对男女用生命在那里镌刻了爱情。而西藏有过六世达赖仓央嘉措这样的情僧，这片土地，无论曾经有过怎样的荒芜，此后都会遍开情花。

　　只要有人走过的地方，就会滋生情感，就会有故事发生。《红

楼梦》里的故事，缘于一块石头，从而惹出那么多悲欢离合，聚散荣枯。可见世间万物都有情有义，无论是一粒尘沙，还是一只虫蚁，都可以酝酿出非同凡响的悲喜。我们可以打理包袱去远方追寻别人的故事，迷离的时候，相信总会有一株植物，一缕阳光，守候在某个相逢的渡口。

在拉萨旧城区，有一条八廓街转经道。来到这里的人，有一个地方一定不会忘记进去。八廓街的建筑大都是白色的，只有八廓街东南角有一栋涂满黄色颜料的两层小楼，这就是著名的玛吉阿米酒馆，当年六世达赖喇嘛仓央嘉措的密宫。"玛吉阿米"是流传在藏区的一个美丽的传说，意为圣洁母亲、纯洁少女，或可引申为美丽的梦。仓央嘉措曾是这小酒馆里风流倜傥的美少年，宕桑旺波。他的出现，会让所有玛吉阿米的目光都为之停留。

从东边的上尖上
白亮的月儿出来了
"未生娘"的脸儿
在心中已渐渐地显现

多少年过去了，仓央嘉措写给玛吉阿米的诗篇依旧流传至今。他是那么真实地表达了红尘男女美好的心意，玛吉阿米酒馆，因为仓央嘉措，装载了别处没有的风情。多少过客打这儿经过，在洋溢着温情的酒馆里，品尝一杯佳酿，留下点滴心迹。陌生的名字，陌生的面容，谁也不认识谁，但是他们却真的相遇过。在同一个地方，想起同一个人，一个已经远离三百年的人，他的魂魄是否会在华灯初上之时漂游到这里？在这里，和某个现代的年轻女子，结下一段薄浅的缘分，只一次宿醉，待到天明，各自离散。

被布达拉宫囚禁了四年的仓央嘉措，经历了失恋的痛苦，忍受了傀儡的生涯，他的心开始蠢蠢欲动，如同窗外蔓延的青草，还有四月和煦的暖风。不知道是佛祖对他的考验，还是他命里注定会有一场美丽的戏梦，又或者有其他因由，仓央嘉措在一个不经意的日子里，发觉这座华丽的牢笼，原来有一个小小的侧门无人通行，无人把守，这意味着他可以从侧门里溜出去，通过这条路径抵达拉萨古城。

这个通道，给一间闭室带去了一缕和暖的阳光，也给仓央嘉措行将死寂的心重新注入了流动的血液。他抛弃了四年的循规蹈矩，不再懦弱，他要趁夜半无人时从侧门走出去，去美丽的拉萨城，好好地为自己活一次。夜间最热闹的，就是八廓街的一间小酒馆。仓央嘉措走出侧门，给自己换上华丽的服装，套上美丽的假发，瞬间他摇身变成一位英俊潇洒的美男子。他给自己取了个名字，叫宕桑旺波。他要去一家灯火煌煌的酒馆，赶赴一场青春的盛宴，暂别活佛的身份，他将会是拉萨城最美的情郎。

> 住在布达拉时
> 是瑞晋仓央嘉措
>
> 在拉萨下面住时
> 是浪子宕桑旺波

在拉萨城的街头，俊美的仓央嘉措邂逅了一群年轻的歌者，他们都有着旺盛的青春，聚集在一起对酒欢歌，嬉笑玩闹。以往仓央嘉措只在门隅那个小地方和族人一起饮酒唱歌，不曾见过这都市的繁华。四年如同囚者一般枯燥单调的生活，让他早已厌烦，一夜的买醉，让他真正品味到锦绣华年的美好。仓央嘉措觉得，这样的生活，才是一个十九岁的潇洒青年所该享有的待遇。相比之下，每日坐在布达拉宫的佛座上，被人恭敬地朝拜，是多么无趣。

难道世间的人都是如此，自己可以拥有的，都不会觉得完美。那些得不到的，却偏生想尽一切办法渴求得到。人因为有了追求，有了念想，才永远得不到满足。那些流浪在拉萨街头的青年，又是多么羡慕和他们年岁相当的仓央嘉措。羡慕他生下来就有了活佛高贵的头衔，不用在烟火人间飘荡，不用臣服于任何人的脚下。却不知，这一切是上苍强加给他的苦难，他要的只是平凡的生活，是无拘无束的自由；是可以和所有的青年一样，白日里劳作，夜晚在酒馆喝酒狂欢。

有时候醉生梦死，真的比清醒自居更令人向往，那是因为人生有太多的负累，当我们无法躲避的时候，就需要偶尔的释放。仓央嘉措在十五岁的时候，做了六世达赖，负起了责任。因为来得过于仓促，加之四年囚鸟般的生活，他比任何的人都更渴望买醉。所以当仓央嘉措有机会离开布达拉宫，走在拉萨的街头，最潇洒、最风流、最放纵、最彻底的人，非他莫属。

只一夜的狂欢，让仓央嘉措感到前所未有的兴奋和快乐。黎明之前，他准时抵达红山脚下的侧门边，用自配的钥匙打开门，若无其事地走进布达拉宫。回到自己的寝宫，迅速摘下头顶的假发，换上红色僧袍，镜前的他，又成了六世达赖，是布达拉宫最大的王。第一次，他在镜前给了自己一个满足的微笑，那么甜蜜。尽管脸上还泛着未醒的酒意，但他清醒地明白，纵算这样也彻底地为自己活了一次。

　　然而拉萨街头的酒就像是一杯毒药，品尝一次就上瘾。仓央嘉措的人回到了布达拉宫，他的心却依旧停留在八廓街上的小酒馆里，忘不了那里弥漫的人间烟火，忘不了街头的欢声笑语。四年了，这是他第一次走出布达拉宫，而且是在夜晚里，独自悄悄溜出去的。他的出行是那么刺激，那么来之不易，这令他对外面的世界更加贪恋和向往。被放逐了一次的心就如狂野翱翔的苍鹰，飞得那么高，那么远，想要收回，已是不能了。

　　白日里，仓央嘉措端坐在至尊的佛座上，听着严谨的上师在面前探讨佛事，接受他们的朝拜。第巴桑结嘉措一如既往地对他严厉，然而已经不重要，仓央嘉措不在乎。他已然不稀罕这活佛的位置，不稀罕那根得不到的权杖，也不想关心西藏纷乱的政局。亦不想为了众生，去念读那些早已乏味的经文，听那单调的佛号。布达拉宫对他来说，最后仅存的一丝留念，也被八廓街的烟火漫过。

　　来不及了，那颗放逐的心，已经飞得太远。一个情多的人，从来都是决绝的，他可以不为名利低下高傲的头，却会为一段自由俯身垂首。我们应当知道，仓央嘉措不会安分守己地住在布达拉宫了，他一定会再次买醉于八廓街的小酒馆。待到夜幕降临，转经的人们离去，鸟雀无声，整个宫殿沉沉入睡的时候，他会换上华丽的服装，戴上假发，做回那个叫宕桑旺波的英俊青年。而多情的他，又仅仅只是与那些歌者喝酒狂欢么？在那个灯火迷离的酒馆，一定会有一只美丽的夜莺将他等待，只是那番邂逅，又将会给他一场怎样的情劫？

倘若让仓央嘉措用活佛的身份，四年的修行，换取一段爱恋，他会毫不犹豫地离开布达拉宫。哪怕彷徨在拉萨城的街头，做一个浪子，他亦甘愿。接受漂泊，是因为害怕一颗被囚禁的心，纵算飘零是归宿，他终执着不悔。

烟火

人在江湖，当鲜衣怒马，明媚灿烂地过每一天。做自己想做的事，爱自己想爱的人，不问对错，不管结果。

青春岁月里的相逢不需要任何约定，偶然的擦肩，一个不经意的回眸都可以结下一段缘分。我们都有过花枝招展的年华，为某个喜欢的人倾尽所有的激情，对着高山，对着河流，许下滔滔誓言。自以为是情种，走过一段缠绵的历程，而后开始有了厌倦，那时候，发觉过往的山盟水誓，只是一场青春的游戏。生存于这世间，我们应该遵守规则，人生的规则，爱情的规则，萍水相逢注定会是过客，缘尽时切莫苦苦强求。

尽管如此，在苍翠美好的年华里，我们不能不热烈地爱。纵算会让自己伤痕累累，纵算转瞬一切都烟消云散，也当无悔曾经的付出。没有谁能够做到在年少时就淡然心性，倘若人与人之间都寡淡相处，又何来风华绝代的过程？人在江湖，当鲜衣怒马，明媚灿烂地过每一天。做自己想做的事，爱自己想爱的人，不问对错，不管结果。

后来我终于明白仓央嘉措为什么会不守清规戒律，会在拉萨古城的街头流浪。因为一个十九岁的青年，他内心窜流着奔腾的血液，让他安分地坐在至高无上的佛座上，不动凡心，这份强加于身的荣耀是一种残忍。或许坐于云端之上的佛，真的可以免去因果轮回，抵消情仇爱恨。但他们那份出自本能的悲悯，却会失去内心深处最柔弱的温情。

仓央嘉措是活佛，可他也是一个有血有肉的人。有一天他也会老死，我们将会看到一个度化众生的活佛，一个鲜活的生命，只剩下一副安静的骸骨。尽管他的灵魂不死，可以转世，但那已是来生，今生的一切都将随着生命的结束而终止。许多人认为仓央嘉措选择情爱，是因为他没有悟透高深的佛法，是因为他还没有看透人生的本真。而我却不以为然，我所感知的仓央嘉措，当是深晓人生短暂，任何的忍让与逃避都是对自己的辜负。他信因果，信来生，更信今生是自己的唯一。

郁积在仓央嘉措心底的热情，一旦被点燃，需要熊熊地燃烧，尽情地释放。当仓央嘉措那一晚从布达拉宫的侧门通往拉萨城的街头，意味着他情感的门扉再度被推开。一个被囚禁四年的生命，获得这么一次机遇，再也不会委曲求全地度日。情感似决堤的水，倾泻奔流，对于仓央嘉措来说，如今居住在达布拉宫的他是丢失了魂魄的活佛。而逍遥在八廓街小酒馆的宕桑旺波，是真实的自我。

夜晚的小酒馆，灯火璀璨迷离，拉萨城里许多年轻的男女会不约自来，在这里喝酒嬉闹、唱歌跳舞，只为将炽热的青春演绎到底。似乎只有他们可以恣意妄行，可以醉倒在澄澈的月色中，不管不顾。

这是一场无心的约定，夜来相聚，天明散去，谁也不问谁来自哪里，又将归去何处。今天的相逢或是明天的重聚，也可能是永远的离散。只是这些都不重要，他们要的是当下，是理所当然的拥有，是落崖惊风的决绝。

宕桑旺波无疑是酒馆里最倜傥、最风流的青年，他俊秀的面容，似秋波的眼眸，以及出类拔萃的气度，令那些美丽的姑娘怦然心动。而这里同样有一位超凡仙姿的琼结姑娘达娃卓玛，她甜美的笑容，曼妙的歌喉，无疑是熙攘人群中最美丽的凤凰。这样一对璧人，眼神相看的刹那，便有了心灵的交集。

　　皓齿人儿含笑
　　向满座瞧了瞧
　　眼珠娇滴滴一转
　　斜睨少年的脸儿

　　拉萨熙攘的人群中间
　　琼结人的模样儿最甜
　　中我心意的情侣
　　就在琼结人的里面

聪慧的仓央嘉措，自是明白，这位琼结姑娘达娃卓玛将是他命里的劫。也许是酒馆的酒太过让人迷醉，又或许是姑娘的温柔笑容，撩人的眼波太过让人痴恋，无论是福是祸，他都要让自己沉陷。仓

央嘉措知道，他需要她，需要她柔婉的爱抚，闻着她芬芳的气息，可以慢慢地抚平他心中的伤痕。一段爱情的背离，需要另一段爱情的填补，纵然是活佛，也不甘寂寞，也禁不起温柔的诱惑。

在小酒馆女店主殷勤的撮合下，他们就这样夜夜相会在一起，缠绵缱绻，难舍难分。美丽的琼结姑娘，给了仓央嘉措前所未有的柔情和欢乐，那是一种隐秘的人生极乐。他想着，纵是在佛界，修炼到最高境界，也不过如此。至今也没有人能够说清，肉身的快乐和精神的快乐何种更令人销魂蚀骨。也许只有真切地体会过，才能道出哪一种快乐适合自己。仓央嘉措觉得自己离佛界越来越远了，此时的他，只愿意做沉沦凡尘的宕桑旺波，享受爱情极致的快乐。

相逢不易，说是夜幕降临，待布达拉宫沉睡之时仓央嘉措就可以下山会见达娃卓玛。可等待总是漫长，用白日漫长的等待，换来一夜的倾城，仓央嘉措仍旧觉得不够尽意。情到浓时，片刻的分离都是煎熬。更何况在仓央嘉措的心里，一直担忧着，生怕哪一天，自己的行踪败露，那时候他对琼结姑娘在温床上许下的誓言，还能恒久么？顾不了那许多，每一晚，他们都恨良宵苦短，雄鸡唱晓——

　　白色的桑耶雄鸡

　　请不要过早啼叫

　　我和幼年相好的情人

　　心里话还没有谈了

　　把帽子戴在头上

将辫子撂在背后

说："请慢走！"

说："请慢坐！"

说："心里又难过啦！"

说："很快就能聚首！"

　　这就是爱情，只有深陷于爱情中的人，相聚的时候，才会觉得时光不依不饶。离别之后，又会怨怪时间流逝得太慢，待到何时才可以再次重逢？任何的风吹草动，都会惊扰他们的梦。他们每日所期待的，就是黑夜的来临，那晨晓的雄鸡，能不能忘记啼叫，这样他们就假装黎明不会到来，假装夜还是那么黑。

　　为什么人生聚聚散散这样地频繁？美丽的琼结姑娘达娃卓玛不知道，天亮后这位对她百般温柔的情郎去往何方。她不会知道，在庄严华丽的布达拉宫，有一道隐秘的小侧门，通往活佛的寝殿。而英俊的宕桑旺波，是来自布达拉宫的王，是至高无上的活佛。她该匍匐于他的脚下，为今生的爱恋许下永久的凤愿。人只有自救才可以救人，深陷情网的仓央嘉措，无法解脱自己，又如何去解脱众生？情感是心中最深的结，千缠百绕，是否将爱恨尝遍，才可以淡然那么一点点？

　　仓央嘉措每天都在编排同一个情节，白日他是布达拉宫的活佛，漫步云端，俯瞰众生。夜晚他是拉萨街头的浪子，落入尘埃，服食烟火。他不厌其烦地装扮着两个角色，反复地脱换服装，频繁地摘戴假发，往返于佛宫与世俗的山径。这一切，他做得天衣无缝，知

情的唯有那条忠实的老黄狗。

> 胡须满腮的老狗
> 心眼比人还机灵
> 别说我黄昏出去
> 回来时已经黎明

　　它是忠实的，黎明到来之前，它会守候在小小侧门旁，等待那位年轻的主人。唯有见到这条老黄狗，仓央嘉措才安心。一夜的欢情，让他更加精力充沛，矫捷的步子迈过门槛，走向长长的石阶，回到寝殿。没有人知道，这张佛床，已经许久没有人体的温度，每晚只有月光轻轻地洒落在上面，将秘密袒露无遗。

　　东方既白，朝霞晕染的天空，格外地醉人。此时早起的僧人在院里打扫落叶，汲水插莲，等待那些转经的人，从天南地北的远方，来到这座圣洁的佛殿，接受佛光的普照。这是信仰，没有信仰的人生将是多么贫乏，多么浮浅。信仰了佛，意味着从此清淡安宁；信仰了爱情，意味着欲生欲死。今日的我选择在别人的故事里追忆，明日又是谁立于飞雪的窗前，假装怀想今天的我？

罪证

哪怕誓言还没有冷却，舞台还灯火阑珊，该散场的终究还是要散场。

有人说，我们是赤裸裸地来到这世上，得到的一切都是上苍所恩赐。人要懂得感恩，多一些满足，少一点抱怨，也许会快乐许多。有一天我们都会离去，离去时还是要归还得到的一切，无论你对这世间有多么留恋，也于事无补。明知如此，为什么大家不能相安无事地活着，为什么总有人在平静的水面掀起风波？不知道要修炼多少年，才会有这么一次尊贵的转世，为什么这份机缘恰巧给了他？沧海要千年才能转换为桑田，为什么偏偏让他遇见？

如果这世上每个人都遵循自己的活法，对别人，多一些宽容和慈悲，那么仓央嘉措是否就可以一生自由往返在佛殿和世俗之间？可以从容淡定地参禅悟法，无所顾忌地释放青春？可以既不负如来，又不负佳人？所谓冷暖自知，咸淡由之，人生苦乐从来都是自己独尝，却偏生有那么多人去惊扰别人的生活。

仓央嘉措享受着爱情给他带来的甜蜜与幸福，但每当他回到布达拉宫，面对众生的朝拜，又难免怅然若失。这样的交往，真的可以长久么？不知道哪一天，那扇通往拉萨城的小侧门就被人发觉，甚至那条忠实的老黄狗也会在某个雪夜老死。又或者那个美丽的琼结姑娘达娃卓玛，在哪个月黑风高的夜晚失约。人生变幻无常，他无从预算，纵然高贵如佛，也无法主宰自己的命运，无法满足自己微薄的心愿。

　　我那心爱的人儿
　　如作我终身伴侣
　　就像从大海底下
　　捞上来一件珍宝相似

　　有时候，仓央嘉措觉得自己就是达娃卓玛树上的一枚叶子，原本注定相依相恋，却终究要接受纷飞的别离。来到八廓街这家小酒馆的青年，只求一夜尽欢，从不曾想过要地久天长。唯有仓央嘉措不同于他们，他经历过失恋的痛苦，当他邂逅了美丽的琼结姑娘，期待的是一生的相伴，是永久的依恋。可他无数次地问自己，仓央嘉措，你真的要得起吗？你又给得起她永远吗？

　　迷惘之际，仓央嘉措开始有些矛盾，他不知道自己真心的付出，会不会换来再次的背弃。尽管他有足够多的青春，还可以在拉萨城的街头流连忘返，可他不是街头上那些平凡的青年，可以无拘无束地来去自如。如若有一天，世人发觉那位倜傥风流的宕桑旺波就是布达拉宫的活佛仓央嘉措，他又将接受怎样的裁判与指责？关于世人的看法，他当是无谓的。他惧怕的是心爱姑娘的背离，因为他不知道这世间到底还有几多真心。

　　压根没见最好
　　也省得神魂颠倒
　　原来不熟也好
　　免得情思萦绕

　　姑娘软软的肌肤
　　活泼地拥抱相亲
　　莫不是贪图什么
　　假意对我殷勤

　　不知道美丽的琼结姑娘达娃卓玛看到情郎宕桑旺波写下的诗句，心中会生出怎样的悲伤。一个女子，愿意为心爱的男子倾尽所有，换来的却是他的猜疑与误会，她知道后，还会一如既往地付出吗？但她不会知道，因为她沉浸在幸福里，忘乎所以。仓央嘉措每夜都会如约而至，给心爱姑娘带来精美的礼物和珠宝，他宠爱她，一如掌上珍宝。当她温柔地偎依在他怀中，那般多情美丽，仓央嘉措会笑自己所有的猜忌都是庸人自扰。

　　爱得了一日算一日，年轻的活佛仓央嘉措是这么想的。纵算有一天真的背离，他也可以原谅她的错，毕竟曾经有过付出，谁也不能给谁强加任何的负累。哪怕誓言还没有冷却，舞台还灯火阑珊，

该散场的终究还是要散场。仓央嘉措顾不得那许多，他要的只是当下的拥有。这位美丽的琼结姑娘，在他心中的分量，远胜活佛的地位，高过布达拉宫闪耀的金顶，高过世间一切云天。

曾经说过，再严谨的秘密也会有被抖搂的一天。当秘密不再是秘密的时候，又有什么可顾忌？有什么可遮掩？不知在何时开始，拉萨城里的人们在纷纷议论，八廓街上夜夜流连酒馆的风流浪子宕桑旺波，是布达拉宫年轻的活佛。多么惊人的消息，以为会掀起怎样的轩然大波，但是城里的人们一如既往地生活。他们只把这当作茶余饭后闲聊的话题，有人煞有介事，有人一笑而过。

而对那些沉迷于夜晚酒馆的年轻人来说，根本不介意这些。他们聚集在一起饮酒对唱，从不过问对方的身份，因为这是热情无悔的一群人，不需要为任何的放纵负责。宕桑旺波依旧是这群人中的佼佼者，他们在一起狂欢，将世间一切纷扰，痛快饮下。任谁也不管明天会如何，不管身边是否藏隐了一个活佛。酩酊之时，仓央嘉措不忌讳市井的流言蜚语，甚至还带着挑衅倨傲的口气唱道——

人家说我闲话

自认说的不差

少年的轻盈脚步

踏进女店主家

此时的仓央嘉措早已不再是那个懦弱的少年，经过四年的修行，加之这一段时间步入凡尘的历练，他开始变得勇敢。他不再甘心做一只囚鸟，他应该羽翼丰满，为自己寻求一条明亮的活路。世间多少事，经过也就从容，当你以为会天塌地陷，真正发生了，也不过是蜻蜓点水般轻巧。但有时候，你依旧要为一些过错付出不可预料的代价。沉浸在欢愉世界中的仓央嘉措，并不能意识到这些，他负气地以为，真正被知道了，又能奈我何。

也许是仓央嘉措近日的异常言行让第巴桑结嘉措生疑，也许是拉萨街头那些传闻流进他的耳朵，或许是他也曾年轻过，也曾真爱过，又或许他一直执掌了权杖，对这孩子心有愧疚。总之，一贯严厉的桑结嘉措，对仓央嘉措的行为假装不知，也不去追问。他每日疲于政事，实在无心去指责仓央嘉措夜晚诡异的行踪。他不知道，他的放任，可能会造成无法收拾的后果。他的慈悲，或许成了一种残忍。

这是一个美丽的错误，可仓央嘉措明知道是错误，还是让自己沉陷。桑结嘉措的纵容，让仓央嘉措更加肆无忌惮，他们心照不宣，以为做到天衣无缝就可以瞒过一切。然而人在河岸行走，又怎么做到永远不被河水打湿衣襟？就如同仓央嘉措，每天往返在佛殿与世俗的山径，怎么可能确定会万无一失？

每个人生下来就安排好了命数，当你拥有了太多，上苍一定会用别的方式夺去一些什么。就如同仓央嘉措，几个月时光的尽情消耗，让他所剩的幸福已经为数不多。他一心想要挽留的情缘，终究还是短暂的，就像一阵清风，温柔地吹在脸上，却怎么也抓不住。都知道梦真的好美，只是梦醒之后，你必须将得到的倾囊归还，直至一无所有。

　　那是一个美丽的冬夜，轻扬的雪花尽情飞舞，八廓街的酒馆似乎比平日更加热闹。他们聚集在一起围炉煮酒，看琼玉纷飞，享受上天恩赐给人间的美丽。这一天来到布达拉宫转经的人早早离去，仓央嘉措也比平日更早地来到酒馆。一个有诗心的人，定是爱雪的，今夜的仓央嘉措吃了许多的酒，他要一醉方休。

　　醉后仓央嘉措和美丽的琼结姑娘达娃卓玛不尽缠绵，他根本无心察觉，命运之神要对他的放纵做出惩罚。这一夜的欢情，将是最后，而雪花是上苍赠送给他们至美的礼物。缘来时你阻挡不了，缘灭时你亦无法挽留。缘分对每个人都是公平的，无论你是至高的佛，还是流落街头的浪子，都一视同仁。

　　事情的败露，缘于这场美丽洁白的大雪。那么洁白无瑕，却给仓央嘉措带来了一场不可避免的灾难。冬夜的凌晨，仓央嘉措离开了温暖的被窝，依依不舍地和情人告别。厚厚的积雪将上山的路给淹没，眼看天就要大亮，布达拉宫的僧人就要早起开门扫雪，仓央嘉措只好匆匆赶路。然而他忽略了，雪地上留下了两行深深的脚印，一头抵达庄严的佛殿，一头通往纷扰的世俗。

　　这是罪证，无法抵赖的罪证。无瑕的白雪出卖了他，泄露了他的多情。早起的僧人打开寺门，雪上的两行脚印，证实了拉萨街头的浪子宕桑旺波是布达拉宫的活佛仓央嘉措。一位至尊活佛不守清规，贪恋凡尘爱恋，这意味着他将接受怎样的惩判？

错误

要么跳出红尘万丈，与他共赴菩提道场；要么为他在最深的红尘内，对镜理红妆。

一个人在梦里，总是梦见丢东西，那是因为他害怕失去。我们每一天都在丢失，都在错过，失去潺潺如流的时光，错过青葱华年里美丽的相逢。生活于许多人来说，总是会怪怨得到的太少，失去的太多，快乐的太少，悲伤的太多。人有时不如一株草木，草木会一生感恩阳光和雨露给予的温润岁月，而人在失落之时，会全然忘记花好月圆的甜蜜与幸福。

这一次，仓央嘉措是真的失去了。他一直担忧秘密有一天被人发现，于是用真真假假的身份掩饰自己的行踪。可愈是惧怕的事，就愈会发生。他相信了雪花的晶莹，那些清晰饱满的颗粒，落入了他的诗句，同时也背叛了他。他终是无悔，曾经立过誓言，为了爱，可以放逐天涯、凄凉遗世。

端坐在庄严的大殿，面对佛的慈祥，他将额头紧紧地贴在殿堂的砖地上，不是为了祈求佛的饶恕，只是想告诉佛，他真的是无意。

　　无意背叛，无意辜负，原本打算一生为佛，在富丽堂皇的宫殿，面对永不消失的朝圣者，为他们讲经说法，为他们无私奉献。无奈情难自已，这妙不可言的圣境，抵不过琼结姑娘一朵温柔的笑靥。他需要的是和心爱姑娘居住在一处小小的世外桃源，安于良田菜地自给自足。没有城市的繁华喧嚣，只有淳朴的民风，过着不知道朝代几时的日子。

　　对于世间风景，我总是会有一种难言的向往。有些风光，或许一生都无缘相见。但是可以在某本书中，某张相片里，或某个人的言谈间，有一番知遇的邂逅。也算是圆梦，也可以得到精神的满足。每当我想起仓央嘉措，就会看到苍茫无边的雪域高原，那段风景，在我心中镌刻成一幅静止的画。无论在何时何境，我都可以穿越摩肩接踵的人流，与之邂逅，和一个隐藏起来的灵魂对话，表达我的敬意与祝福，感动与珍惜。

　　秘密被抖搂的那一天，年轻的活佛仓央嘉措比以往都要平静，无论情感的路程是否走到尽头，至少他还拥有现在。他在摇曳的灯光下诵读经文，书写情歌。如果有一天他真的一无所有，这些情歌将会像风一样从高高的殿宇飘飞而出，越过雪山荒原，蔓延至青藏每一个角落。无论是集市中、酒馆里、毡房内，草原上多情的人们都会为之传唱不息。因为有爱，才会有慈悲和宽容。每一朵莲开，都需要情感的浇灌；每一盏酥油灯，都需要温暖来点燃；每一个人，都需要菩提来度化。

　　这个夜晚，仓央嘉措听到自己的歌声被篝火点燃，酥油的清香漫溢在透明的天空。那些转经筒就这样不知疲倦地日夜摇晃，它们的本意是好的，带着许多沉沦誓界的人，远离纷扰。仓央嘉措是喜欢这里的，如若生活可以不受束缚，如若日子可以掺杂爱情这道调味品，他甘愿一生陪伴佛，奉献所有的思想。然而人生就是会有这么多的不尽意，他要面对的终究还是抉择。倘若你选择了冷傲的寒梅，就意味与清凉的莲荷无缘。倘若你选择了阳春白雪，就意味着失去晚秋枫林。

以为不过是一个年轻人对爱情的执着，一时迷了心性，只要从此严守清规，他依旧是布达拉宫无比尊贵的达赖喇嘛。仓央嘉措不知道，自己的任性与多情成了拉藏汗用来讨伐桑结嘉措的完美借口。他对佛祖的反叛，成了拉藏汉手中用来对付他的利刃。倘若他只是一个平凡的百姓，纵是犯下滔天大罪，也不过是以命相抵便罢了。但他不是，他是西藏政教首领，关系了万千民众。一起一灭，都是沧海桑田，一开一合，都是往事云烟。

拉藏汗给远在北京城的康熙帝上书，指出他违反清规，欺瞒众生的劣迹，并阴狠地道出这样一个全无半点修行的浪子，不可能会是雄韬伟略五世达赖的转世灵童。仓央嘉措只不过是第巴桑结嘉措当年找来应付皇上的一个冒牌货，是他用来独揽西藏政权的棋子。这几年，仓央嘉措是第巴桑结嘉措的傀儡，从不沾染政事。第巴桑结嘉措欺骗了天下大众，糊弄了大清皇帝，这样欺上瞒下的行为应该接受严厉的处罚。

一句不是五世达赖的转世灵童，说得那么响亮，仿佛已是罪证确凿，不容狡辩。这个奏章令康熙皇帝有所动摇，当年第巴桑结嘉措对五世达赖之死匿不发丧整整十五年，之后是因为康熙察觉，他才寻回转世灵童，举行了坐床典礼。如今拉藏汗的奏本不得不令康熙怀疑仓央嘉措的真实身份。难道桑结嘉措真的胆大妄为，隐瞒了转世灵童的真相？用民间找来的一个莫名的少年，充当了活佛？

在真相弄明白之前，睿智的康熙并没有听信拉藏汗的片面之词，他派了使者前往西藏查访这位年轻活佛的真假。当使者看到气宇不凡、聪慧过人的仓央嘉措时，疑惑似乎有所更改。使者上书回报了康熙："此喇嘛不知是否是五世达赖化身，但确有圆满圣体之法相。"并附上流传在拉萨城的这位活佛的情诗，那么美好的诗句，动人心魄，是毒，也是药。难道他真的是五世达赖的转世灵童？难道他的浪子行为只是因为佛动了凡心？可是佛可以动凡心吗？

仓央嘉措，这个违反清规的活佛，本该接受戒律的惩罚。可为什么他的情诗，这样地暖人心意，那不是晦涩难解的经文，不是乏味虚无的道章，而是用生命和激情演绎的感动，是来自灵魂的召唤。开始有柔弱的心为之动容，他犯下错，似乎并不是那么罪无可恕。或许每个人心底都荡漾着柔情，或许每个人心中都有一个刻骨铭心的人，或许仓央嘉措的劫数也是世人的劫数。

只是错终究还是错，每一个犯过错的人，都要为自己的错误承担后果。尽管康熙没有立即对仓央嘉措做出惩罚，但是第巴桑结嘉措却不敢再容许他的任性妄为。而布达拉宫仿佛已经锁不住他那颗为情放浪的心，桑结嘉措往日对他松懈的管束，导致了仓央嘉措的叛逆与日俱增。这匹被放纵的野马，脱缰而去，如今该如何将他收服？

无奈之际，桑结嘉措只好求助五世班禅罗桑益西，他希望仓央嘉措会听从班禅的规劝，将他从滔滔情海里拯救出来。等到醒转后的那一天，也许仓央嘉措会发觉，世界真的可以焕然一新。事实上，桑结嘉措比任何人都明白这个孩子有多么倔强，又是怎样地情多。但桑结嘉措已经别无他法，拉藏汗岂会对他们善罢甘休？

日喀则的扎什伦布寺，是历代班禅喇嘛的驻锡之地。五世班禅罗桑益西对仓央嘉措惊世骇俗的做法亦有所听闻，他要将其规劝，为仓央嘉措受比丘戒。他不希望看到这位年轻的活佛，为情断送前程，走向深不可测的泥潭。活佛的迷乱，将会令整个黄教风云变幻，那时候，面对沧浪滚滚的局势，谁还能力挽狂澜？

1702 年，二十岁的仓央嘉措，在日喀则游荡。扎什伦布寺在阳光下闪耀璀璨的光芒，它直指蓝天，似乎提前知晓天机，迷离的光影，照见了仓央嘉措内心起伏的波澜。而他的面容平静淡定，仿佛来此受戒的是一位与他漠不相关的僧人。跟随在他身边的上师见他异样的神情却心生不安，因为他们不知道这位年轻的活佛，到底在想些什么。他的沉默，犹如西边缓缓下沉的落日，带着一种遗世的孤独和寂寥的决绝。

今夜的我，开始为一个叫仓央嘉措的名字不安。读过他的情诗，我已明白，他此生再也不能脱离情海，尽管他的魂灵很努力地向佛靠近。我曾许过诺言，此生只做凡俗中的女子，来世再听佛诉说禅音。可此刻我却想做布达拉宫的一个无名朝圣者，独行在悠长的石阶。要么跳出红尘万丈，与他共赴菩提道场；要么为他在最深的红尘内，对镜理红妆。

执迷

那一袭红色僧袍，披在身上，为什么总是让他心烦意乱？

有些地方，此生是定要去的，只有亲历了远方山水，让虚幻的梦成为鲜活的真实，才不枉来人间走过一遭。可当我们见到梦中的情致，那样至美的风景，可以做到寂静无言吗？岂不知，每一粒尘埃的下落，都会将其惊扰。当我们迈进了西藏日喀则的扎什伦布寺，就应该明白，这里的一草一木、一砖一瓦、一僧一众，都不该被打扰。

日落的色彩真的很美，扎什伦布寺不知被谁镀上了一层酡红色，像是饮醉了黄昏。那一条被岁月擦亮的石板路，不知道收藏了多少朝圣者迷惘又执着的徘徊。我们应当相信，这里始终会有一面飘扬的经幡，将你我等待。只是伫立在静穆的佛殿面前，看宽广苍茫的蓝天，听清脆的铜铃摇醒前世的记忆，不知道，这些闯入圣地的人，入了禅境，还能不能走出来？

时光就这么走远，一晃三百年，人事早已悄然更换，而这些旧物还在原地发呆。它们是历史的见证者，安于自己微小的角落，看尽过客往来，不曾将人挽留，也不曾劝人离开。我们应当相信，来这里朝拜的都是虔诚的信徒，亦有探知秘密的路人，从遥远的地方，来到这里只为打探一个隐藏多年的消息。来过的人，被这明明陌生却熟悉的景物所迷醉时，就再也无法不去相信因果。你会认定，自己在某一世来过这里，与扎什伦布寺的白云或月光有过盟约，所以才会有今世的相逢。

三百年前，那位叫仓央嘉措的活佛在这里受戒，扎什伦布寺的一盏老旧的酥油灯记得当年的情景。年轻的仓央嘉措端坐于五世班禅及几位上师面前，他闭目念经，面容冷漠如冰。一任大师如何劝解与开导，他的平静让人深感无措与遗憾。五世班禅那一刻明白，人生百态，纵是入了佛门，这诸多的僧侣亦是各有各的缘法和宿命。有人要名利，有人要情爱，有人只愿一生长伴佛祖，无欲无求。看着眼前平静的活佛，他开始觉得语言是那么苍白无力。

仓央嘉措终究还是跪拜在五世班禅的膝下，深深磕头，坚定地说道："违背上师之命，实在有愧。弟子深知世相皆空，但弟子已然回不了头，恭请上师收回从前所受的沙弥戒，让弟子还俗。"仓央嘉措如一湖平静的水，他的平静与坚定，却令整个扎什伦布寺顿时波涛翻滚，众僧侣随之齐齐下跪。他们谁也料想不到，这位年轻活佛，竟然会甘愿抛却至高无上地位，选择浪荡俗世，做一个买醉在街头的歌者凡夫。

莫非他真的被情爱迷惑了双眼，搅乱了神志？否则他如何可以这样毫不犹豫地放弃当下拥有的一切，放下他钟爱的佛祖，还有那些日日朝觐他的子民。佛难道不是慈悲宽容的么？可他明明这般自私，只为个人的情爱，为一个琼结姑娘，抛下芸芸众生。他还是万民敬慕的活佛吗？可看着他忧郁的眼神，为什么没有人肯怪罪于他？那是因为每个人在真实的情感面前，都做不到铁石心肠，此时仓央嘉措的情歌，已经从布达拉宫蔓延至扎什伦布寺上空。长跪不起的众僧呵，眼中有泪，却已经不知道该如何下落了。

仓央嘉措要求还沙弥戒返俗，确实令在场的众僧惊心，他无谓的眼神，有一种誓不罢休的决然。是的，他懦弱太久了，这一次他不能允许自己再忍让下去。姑且将责任和使命抛掷一边，他再不是布达拉宫最大的王，他只想做拉萨街头的无名浪子，做达娃卓玛美丽的情郎。他要为自己好好活一次，人生须尽欢，是的，尽欢。

一个偷尝了禁果的青年，面对诱惑，再也不能做到视而不见。仓央嘉措用生命维护的情感，被世人拆穿，又岂甘心俯首认罪。因为禁忌，他的心更加渴慕和向往浩荡的激情与诱惑。纵然面对他的是刀枪斧钺，奔赴的是龙潭虎穴，他也义无反顾。所以他有了对抗上师的勇气，有了违背佛祖的胆量，有了与桑结嘉措抗衡的筹码。

曾经那个孤独迷惘少年，被岁月催促着长大，他学会了拒绝，懂得了那么一点点自私。但我们应当相信他是无心的，他本无意为难任何人、辜负任何人，他只不过想做自己。但是前世魂灵附体，他要为前世付出一生的代价，这是他无可推卸的责任。当我们以为仓央嘉措从此可以像苍鹰一样，展翅在青天下飞翔之时，命运跟他说了一声：对不起。

早在仓央嘉措来到人间的时候，他的人生已经写好了判决书。对他一直管束严厉的桑结嘉措突然有些害怕了，他害怕这个倔强的孩子会做出至死的抵抗，可他希望他死吗？如若仓央嘉措死了，那西藏的政局岂非名正言顺地落入他的手中？那时候，他可以再去寻找一个转世灵童，做他的傀儡。可是拉藏汗会放过他吗？大清皇帝能放过他吗？不，桑结嘉措必须要仓央嘉措留下，继续做他手中的棋子，过河的时候，他需要他。

拉藏汗听闻此事，亦匆匆赶来，他要制止仓央嘉措的决定，因为他担心仓央嘉措的离去，会令桑结嘉措有机可乘。对拉藏汗来说，这个有名无实的活佛，并非他真正要对付的目标，他扬起的那只弩箭，是要朝准桑结嘉措的心脏射击。到那时要击败仓央嘉措，当是易如反掌，不费吹灰之力了。多么可笑的事，拉藏汗不是上书康熙帝，告知仓央嘉措是假冒的活佛吗？为何此时却惧怕他决然离开？可见一个人为了权欲，纵是不择手段，出尔反尔亦在所不惜。

没有人知道，仓央嘉措是因为何种理由，收回了他在扎什伦布寺说出的话。是出于对桑结嘉措的忍让？是出于对拉藏汗权威的惧怕？是他始终放不下络绎不绝的朝圣者？又或是桑结嘉措答应了他何种条件？总之，仓央嘉措继续留在了布达拉宫，做他的至尊活佛，那个微不足道的心愿，终究没能实现。那一袭红色僧袍，披在身上，为什么总是让他心烦意乱？

仓央嘉措企图在雨中奔跑，可是转了一个圈，又回到了原地。布达拉宫的朝圣者并不会因为市井的传闻而减少半分，他们不信，不信拉藏汗的谣言，在他们的心中，仓央嘉措就是他们的活佛。一个可以写出如此美妙诗句的情僧，又怎么会是假的达赖，他分明就是神佛的化身，他的诗句就是雪夜里的熊熊篝火，是沙漠中隐现的绿意，是黑暗中绽放的一丝光明。

这些生动的情歌，在拉萨城的街头传唱得更加响亮。八廓街的小酒馆，因为曾经有过一位叫宕桑旺波的风流青年，而夜夜客流爆满。他们都知道，那位沉迷酒馆的浪子，就是住在布达拉宫的活佛仓央嘉措。但这并不影响他们对他的敬意，反而令他们觉得，这个佛是最慈悲的，因为他没有站在遥不可及的高度，等待他们翘首企望。而是深入民间，与他们一起享受烟火迷离的美丽。

原来人的心都是这般的软弱，渴望柔情与幸福。我们从来都不愿意看到这个世界有太多的杀伐，不愿意接受战争所带来的浩荡洗劫。倘若每个人都心存善念，安于平淡，在属于自己的小城里像花开一样微笑，如莺燕一般歌唱，那该多美。或许非要等到千帆过尽，百味皆尝，才甘愿守着山青水静的乡野，过最清淡的日子。那时候，是否有一支情深的笔写下湛蓝的天空、纯净的云朵，以及古老的村庄和村庄里那些平静的故事？

破碎

就当作人生中的一场意外，意外地相爱，意外地别离。但命运册上，一定会有一个角落，并排地写着他们的名字，无论他们是否有一天还能相遇。

背上行囊，我还在远方，心灵的远方，梦境的远方。我知道，这里每一寸的土地都不属于我，无论我是多么想要珍惜，把它当作我的国、我的城，但终究只是一厢情愿。天亮之后我就要离开，离开八廓街的这间小酒馆，明天的太阳与我无关，因为我是天涯的异客。在这里，我没有留下任何的踪迹，我不希望日后有那么一天，某个来者叫出我的姓名，而后不经意地成了他生命里所惦记的人。我不愿意，我是匆匆过客，飘动的衣袂，分明显露出我从容淡然的心。

没有你的时候，岁月荒废了三百年，三百年，多少次莺飞草长，多少次雪莲花开，只是你真的走远了。你离开之后，酒馆依然开着店门招呼来客，依旧欢声笑语，高朋满座。虽说人生寂寥，但生者终究欢愉，唯有死者沉默无声。悲伤是短暂的，我们可以怀念，却没有谁永远地为之沉沦。这并非无情，而是生存的法则，每一天，都有不同的人来来往往，我们无须记住许多，只要平和地相处，微

笑地别离。

何时携你戏红尘。我仿佛听到三百年前仓央嘉措对琼结姑娘达娃卓玛无奈地叹息。他握紧她的手，深情道："相信我，有一天一定会携你戏红尘。"那时候，他们还在酒馆的一间小卧房里缠绵。他最终都没有告诉她，他是布达拉宫至尊的活佛。当谣言纷飞的时候，她已明白，躺在身边像孩子般的男人，其实就是她曾经朝拜过的佛。她不说，不说。只想着，爱得了一日是一日，因为她比任何人都明白，有一天他会彻底离开，去那个属于他的国，他的世界。她无悔，因了今生这段与佛的邂逅。何时携你戏红尘，只是这个心愿，今生还能了却吗？

从扎什伦布寺回到布达拉宫，仓央嘉措更加沉默。每日他除了诵念经文，打坐参禅，就是立于寝殿的那扇小窗口，眺望远方，看山峦起伏，白云悠悠。这一生，他已没有多少渴望，扎什伦布寺还俗失败，也粉碎了他最后的梦。多少人红尘梦醒，希望叩开佛门，从此清淡度日，拈花微笑，执叶欢喜。而他却想逃离这佛国的囚笼，和故乡亲人过放牧的生活。他无法抑止地想念哺乳过他的母亲，与他嬉戏的伙伴，还有亲吻过的姑娘。太遥远了，遥远得就如同隔了几世，眼前的一切都印证了他的一无所有。

仓央嘉措，终究只是桑结嘉措和拉藏汗之间那枚至关重要的棋子，他困于他们的斗争之间，烦闷得近乎窒息。每一天，他都在等待机遇，希望自己可以逃离布达拉宫，去往拉萨城那座叫玛吉阿米的小酒馆。仓央嘉措相信，他心爱的姑娘还会在那里等着他回去，她不会轻信世俗的流言，他们有过山盟海誓，说好了一同携手戏红尘。只是，他终还是要将她辜负，做不了街头的浪子，他心痛难当。

　　这一晚，仓央嘉措与桑结嘉措提出了要求，许他去拉萨城的八廓街一次，仅一次，以后只伴随于佛的身边。桑结嘉措答应了他的请求，他要让他彻底断了痴念，从此只安心住在布达拉宫，继续听从于他的安排。仓央嘉措不会知道，在不久前，桑结嘉措就派人秘密去了小酒馆，将达娃卓玛送回了琼结。命令她的父亲，为她物色对象，尽快嫁出去，否则将给整个家族带来厄运。桑结嘉措的做法，就是为了彻底击碎仓央嘉措在红尘的最后一丝希望，不是因为他残忍，而是局势逼人。拉藏汗的刀剑随时都会朝他们的心脏刺过来，任何的慈悲与松懈，都是对自己的不负责。

　　布达拉宫的黄昏真的好美，整座辉煌的殿宇沉浸在夕阳下，带着一种孤傲的壮美与苍凉。人说一个地方的建筑，就如同当地人的个性。布达拉宫凝聚了松赞干布和五世达赖罗桑嘉措的风流和血性，纵算有一天山河变迁，容颜更换，它依旧不会丢失昨日的性情。人世间每一个地方都是如此，江南永远山温水软，京城永远鼎盛霸气，而西藏的风，永远都是那么洁净空旷。这里的山川河流苍茫无边，没有阻挠，它们从来不会抗拒任何人的到来。

　　日落西山，暮色四合，仓央嘉措脱下了僧袍，换上久未穿着的华丽服装，戴上长长的假发。镜中的他还是那般俊美，只是比往日清减了许多，他的神情有期盼、有喜悦、有恐慌，也有惆怅。他终于可以见到日思夜想的姑娘，只是这一次相见，真的会是永别吗？过往的盟约，他该拿什么去兑现？不能再想了，此时仓央嘉措只想尽快下山，去玛吉阿米的小酒馆，和美丽的琼结姑娘开怀痛饮。只

要一夜倾城，一夜，便好。

夜色从来都是那样倾城，人只有在夜晚才可以放纵自己，并且不需要为自己狂妄的行为背上沉重的包袱。白天是给那些有准备的人的，夜晚则是为了让灵魂得到畅意的释放。拉萨城里那么多年轻的歌者如潮水般涌向这里，喝着醇美的酒酿，唱着动人的情歌，只为了老的那一天，可以告诉别人，青春无悔。

走进小酒馆，仓央嘉措看到这一群正在狂欢的青年，唱着自己写的歌。一切光影有如昨日重现，尽管他们沉迷在自己的欢乐里，依旧有人看到风流浪子宕桑旺波的到来。此时他们已经知道宕桑旺波的身份，明白他就是布达拉宫尊贵的活佛。他们向他投来热烈的目光，但是没有人向他朝拜，在这里，他只是一个浪子，是他们一起游戏人生的过客。这些视人生如戏剧的年轻人，根本不想去介意谁的身份，他们要的，只是今朝有酒今朝醉的快意。

没有看到达娃卓玛美丽的身影，那个令他魂牵梦萦的身影，为什么在今夜销声匿迹？酒馆的女店主亦知道宕桑旺波的真实身份，但她不拆穿，只悄悄告诉他一个消息。他的达娃卓玛以后再也不会回来了，半月前，她被人从酒馆带走，那么仓促，没能留下任何的话语。前几日，听人传言，达娃卓玛的父亲已经为她物色好了对象，不久后，她就要做别人的新嫁娘。

遭遇是何其相似，却发生在同一个人身上，这一次仓央嘉措无比平静，因为他知道纵是天翻地覆，也不能将结局改变。这些年，他已经学会了隐忍，只是被爱割伤的心，流血不止，已不忍碰触。他失魂落魄游荡在拉萨城的街头，今夜，他是一个真正的浪子，怀揣一份断肠的心事，无人诉说。他是活佛，不能光明正大地赶去琼结，带着达娃卓玛情奔天涯。天亮之后，他将带着伤痕回到布达拉宫，从今后，日夜濡血自疗。

女店主的话他还记得，自从他离开了酒馆，街上就有太多关于他的传闻。而达娃卓玛每日依旧痴痴地将他等待，她坚信，她的情郎会回来，会带她携手戏红尘。誓言成了曼舞的飞雪，遇水则化。不知道这世上为什么会有那么多的刽子手，何以就那样残忍地举起一把刀，斩断本该美好的情缘。他们的心就真的一点也不疼么？冷风拂过，仓央嘉措发觉自己已经泪流满面。

　　蜂儿生得太早了
　　花儿又开得太迟了
　　缘份浅薄的情人啊
　　相逢实在太晚了

　　太阳照耀四大部洲
　　绕着须弥山转过来了
　　我心爱的情人
　　却是一去不再回头

　　人像木船的马头昂首张望
　　心如旗幡猎猎飘荡
　　情人啊莫要忧伤

我俩已经注在命运的册上

无从怪罪，只叹缘薄。就当作人生中的一场意外，意外地相爱，意外地别离。但命运册上，一定会有一个角落，并排地写着他们的名字，无论他们是否有一天还能相遇，宕桑旺波和达娃卓玛的名字，会永远在一起，在一起。

只是天空之下，因为有了那样一个不同凡响的达赖喇嘛，

而有了更加美丽的内涵。

此行莫恨天涯远

成败

胜利与失败，原本就只是两个词语。有人在狂欢，有人在悲伤。

对一个淡漠信仰的人来说，不会明白信仰在人心里占据了多么重要的位置。我们经常可以在电视上、网络图片上，看到许多朝圣的藏民前往寺院朝拜的情景。他们一步一叩首，朝拜青天，俯首大地，虔诚得让观者落泪。这些人，不分男女，不分老幼，不分贵贱，都是以同一种方式，抵达心中神圣的殿堂。他们无须许下承诺，只为了心中的信仰，愿意风雨兼程、长跪不起。

这些人心中，佛是神圣不可侵犯的，是他们此生精神永久的寄托。在他们虔诚与痴情面前，我们的高贵显得那么卑微。每当我看到这些画面，就会情不自禁地问自己："你幸福吗？能够安稳地活着是一件多么幸福的事。"这是一群善良的人，他们的慈悲会让我们心中涌满感动。任何的罪恶与战争，都是对自身的惩罚，是懦弱悲哀和无知野蛮的象征。在这方充满灵性的土地上，每一个人都应该笑逐颜开，每一颗心都应该洁净无尘。

过往的情感，就像是一封封无处投递的信，摩肩接踵的人流，涌动着无处安放的灵魂。背着行囊的匆匆过客，该在何处寻找属于自己的归宿。湛蓝的天空似要落下泪来，白云来去无心，又为何还要给我们美丽？倘若这方圣洁的土地，也曾闪烁过刀光剑影，满溢污浊血腥，是否就该忘记？都说人生不过是一场云水之梦，却依旧有许多人在幻境里沉迷不醒。

无论是在去往西藏的路上，还是在尘世的每一个角落，都流传着六世达赖仓央嘉措的情诗。那些诗句纷飞如蝶，越过草原，飞渡沧海，栖息在每一个需要温情的地方。只是这些情诗有许多翻译的版本，而我们可以选择一种自己喜欢的，抄写捧读。甚至按自己的喜好与感觉去删改，尽可能地让自己感动。这些情禅相融的诗，像是一场清凉柔和的风，拂人心田。所到之处，荒原滋长繁花，沙漠流淌源泉。

那时候，高原上两只愤怒的牦牛，拉藏汗和桑结嘉措掀开了一场翻天覆地的血腥大战。而仓央嘉措坐在布达拉宫的偏殿里，闭目念经，书写情歌，平静地等待那个与他相关的结局。如果佛要让他还清前世的债约，那么情歌便是他今生唯一的安慰。有人说，仓央嘉措是为佛而生，也有人说，他是为情而生，亦有人说他是为文字而生，从来没有人说过他为自己。

尽管在桑结嘉措眼里，仓央嘉措是一个自私的达赖喇嘛，他远不及五世达赖那般雄韬伟略，但有时候，他又不能不为这个孩子的多情所感动，只可惜他们生来就被卷入纷扰的政局中，想要脱身，已是不能。桑结嘉措知道，他已无力劝服仓央嘉措，一切为时已晚。他命里注定只适合做一个情僧，以情动人，任何的争斗于他，都是残忍。

面对拉藏汗的咄咄逼人，一贯深沉多谋的桑结嘉措，竟有些觉得力不从心。难道他老了吗？不，正值不惑之龄的桑结嘉措，拥有充沛的精力和旺盛的生命。独揽西藏政权二十年，经历多少风雨，不都是他独自承担过来了吗？但他似乎已经厌倦了争斗与杀伐，每当他静坐在布达拉宫的殿堂里，发觉自己这一生的努力，也只是为他人作了嫁衣。众生朝拜的，依旧是那位不管政事的活佛，纵然他犯下不可饶恕的错误，也并不影响他在世人心中尊贵的地位。

桑结嘉措，真的是一个胜利者吗？他拥有了无上的权力，活佛是他的傀儡，可是他终究只是第巴，永远也不可能成为活佛，不可能名正言顺地坐在高高的佛座上，接受朝圣者虔诚的膜拜。到了该分出胜负的时候了，无论成败，他都要孤注一掷。长时间的争夺让他疲惫不堪，这种整日惶恐不安的日子，真的是过够了。

在拉藏汗还未真正对桑结嘉措发起进攻的时候，桑结嘉措提前采取了行动。1705 年，桑结嘉措买通了汗府内侍，向拉藏汗的饮食中下毒。他自诩为静心策划的局，轻易就被狡猾的拉藏汗识破，派去的奸细不守诺言，出卖了他。一场无法避免的战争，就这样在暗夜里拉开了序幕。那一片圣洁的土地，安宁了数十年的土地，就要沾染血腥。

这是仓央嘉措不愿看到的，尽管他漠视自己的结局，但不愿看到更多的苍生，为了这场浩劫而骸骨嶙峋，颠沛流离。其实这场战争并没有持续多久，饿狼一样的拉藏汗带着满腔的仇恨与贪婪的欲望，举起"清君侧"的大旗，大举出兵讨伐桑结嘉措。善良的人们，

已经不愿意从文字上重会那场酷冷的战争，不愿听到寂夜里霍霍的磨刀声，不愿意看到那片被血液染红的土地再开出洁净的格桑花。

多少人的劝阻都于事无补，被权欲涨满了思想的拉藏汗，已经不可能放下刀剑善罢甘休。胜利于他来说已是志在必得，这个时候他怎么舍得放弃唾手可得的权力，重新过相安无事的日子呢？这么多年的谋划，这么多年的心血，岂非付之东流。不，没有亲眼看到桑结嘉措头颅落地，他此生将不得安宁。一个为权欲而生的人，必定要用鲜血祭奠其坎坷的生命历程。宗教与世俗的斗决，轰烈开场，寡淡落幕。

胜利与失败，原本就只是两个词语。有人在狂欢，有人在悲伤。活着的人依旧无法停止内心的争斗，死去的人再也看不到潮水般涌动的人流。但我们有理由相信，眼前所看到的一切，都是空芜。因为历史上没有谁是永远的胜利者，血肉之躯，虚幻的名利，又怎能抵得过自然的永恒？自古明君无数，难道江山会因为他们而停止更迭？明月会因为他们的胜利而不再西沉？

桑结嘉措输了，输得一败涂地，战争还没有开始的时候，他已经预测到了结局。头颅滚落在地的那一刻，他对这个充满阳光的世间没有丝毫的留恋。该他可以得到的，早已得到过，得不到的，任是如何拼尽一切，亦不属于他。或许世人不知道，这场战争是桑结嘉措有意挑起的，他是英雄，英雄必然有英雄的死法，所以他应当死在战场。唯有拉藏汗这头倔强的牦牛，可以与他对抗，桑结嘉措希望用自己的血流淌在这片他眷恋了一生的土地上。

多么悲壮苍凉的死法，拉藏汗这个胜利者，看到桑结嘉措头颅落地的刹那，是否就真的痛快到酣畅淋漓？或许他比任何人都明白，有一天，他也要面对这样悲壮的死亡。任凭他多么飞扬跋扈，在死之前，都要接受一场血性的战争，以此来证实他生存的意义。但绝不是此刻，此时的拉藏汗，应该趾高气扬地笑对苍天，向世人称王称霸，向权欲俯首称臣。

桑结嘉措死的那一刻，仓央嘉措手上的佛珠断了，这是预兆，仓央嘉措知道了结局。桑结嘉措的结局就是他的结局，他失去了最后的保护者。多年来，桑结嘉措夺去了他该享有的权力，但是给了他坚实的避风港湾。仓央嘉措对他没有恨，却生出一份悲痛与怜悯。倘若这么多年没有桑结嘉措掌管西藏政局，他又怎么会有拉萨街头那一场美丽的相逢？无论琼结姑娘的离去，是否与桑结嘉措有关，仓央嘉措都不想记恨。他真实地爱过、拥有过，这样的幸福，是任何达赖喇嘛不曾有过的。

跪于佛前，仓央嘉措第一次虔诚地承认自己的过错，亦平静地等待自己可以预知的下场。他不惧怕死，只是他的淡定，带着遗憾。死了就不能诵经，不能写诗，不能与心爱的姑娘重逢，不能看到跪拜在他脚下的朝圣者。他突然为过往的任性懊悔，他是活佛，不应该为了个人的情爱，弃众生于不顾。真的太迟了，桑结嘉措一死，整个布达拉宫就是一座虚空的城池，谁还能在这座城池指点江山？

寒冷的月光下，仓央嘉措看到自己的影子，寂寞的影子。多想出走，远离这座城，和自己心爱的姑娘携手戏红尘。回不去了，他如今所能做的，就是束手就擒。命运会给他最后的判决，无论公与不公，他的罪，自己受。

烟云

他们要做的，也不过是把这出戏努力唱完，至于辜负了谁，伤害了谁，自己也无从把握。

　　漫步在红尘，笑看浮世，不过烟云一场。但真正有几人，可以做到淡然相忘，忘记名利，忘记情感，忘记曾经拥有的一切。当有一天，你想要安静地生存于世，从此过不惊不扰的光阴，是否这样，就可以和过往的纷扰一笔勾销？爱过的人，可以丢弃，犯过的错，可以饶恕，许过的诺言，可以不必兑现。

　　无论从前是荣辱，是悲喜，都支付给了岁月。活着的人，继续在人间蹉跎，承受莫名的风雨。死去的人，交出一生的时光，从此风烟俱净。只有死，才可以给人生彻底画上句号，句号意味着结束、干净、无牵。看过世间繁华三千，回归原始的大自然，看风景天成，过往的沉浮，真的不那么重要了。

　　死去是解脱，活着是承担。有人说桑结嘉措的死，是因了一个女人，一个曾经被他拒绝过的女人。这个女人因爱生恨，在他身处险境时，决绝地挥刀替他了结一切。而我也愿意给桑结嘉措的死，添上一段美丽的故事，给他二十年的政治生涯，渲染情感的色彩。或许这样的死亡，亦是美丽。英雄的死法，应该是在战场，马革裹尸。英雄还有一种死法，就是死在红颜的剑下，做鬼亦风流。

在那个漫天飘散着情歌的土地上，纵是铮铮铁骨，亦难违风花雪月的柔肠。高原上那些多情的人每天翻唱着仓央嘉措的情歌，美丽的姑娘，英勇的汉子，就连住在布达拉宫的僧人，也被夜晚的歌声吸引，常常忘记翻阅手上的经书。桑结嘉措在对拉藏汗下手之前，是否因为听过了仓央嘉措的情歌，而对人生有了新的感悟？他想起年轻时辜负过的女子，而心生遗憾和愧疚，所以想尽快地了结一切。

桑结嘉措，这位高原上的英雄，他的死让我感到痛心。尽管因为他的掌政，改写了仓央嘉措一生的命运，但他懂得水满则溢、盛极必衰的道理。他在自己最鼎盛的时候选择决然转身，完全不顾费尽一生心力所垒起的国土。难道他忽略了，他的死会给仓央嘉措带来一种新的毁灭，还有西藏的政权将落入拉藏汗的手中？真的这样甘心吗？千古霸业都会随日落一起下沉，云散烟消，还有什么不甘心？

而拉藏汗，这个斗志高昂的男人，被胜利和喜悦包裹，又岂肯在此时功亏一篑。他除去了第巴桑结嘉措这个难缠的心腹大患，可谓如释重负，而仓央嘉措这个小棋子，对他来说已经没有了利用的价值。此时的仓央嘉措，成了拉藏汗独揽西藏政治大权的绊脚石。年轻的活佛，薄弱的身躯，可以挡得住拉藏汗的千军万马吗？想要除去仓央嘉措，对拉藏汗来说，简直不费吹灰之力。

他无惧，端坐在高高的佛座上，仓央嘉措第一次觉得自己这么像佛，慈祥、平和、安宁、淡定、悲悯。前往布达拉宫的朝圣者依

旧络绎不绝，他们不会因为桑结嘉措的死而背离活佛，不会因为活佛多情的放浪而对他失去敬意。他们更不会相信拉藏汗散播的谣言，不会相信写出这样浓情诗句的人会是假的活佛。众生怜惜仓央嘉措的深情与忧伤，他有着和百姓一样的情结，甘愿俯落人间，与凡尘同生共死，向往自由，追求爱情。所以，仓央嘉措就是他们至高无上的活佛，无论世事如何变迁，他们都至死将他拥护、爱戴。

只是这些善良的朝圣者，抵得过凶猛霸气的拉藏汗吗？他对觊觎已久的西藏政权志在必得，如今任谁也无法阻止他的决定。试问，谁能让决堤的洪水，刹那止步？纵算此刻让他用生命来换取，他亦舍得。自古以来，多少人为一根权杖、一张宝座、一枚玉玺粉身碎骨，血溅三尺，都在所不惜。权欲是毒，未染之时，或许你还是清白的，染上之后，它会侵入你的骨髓，连同思想都被腐蚀。

拉藏汗中了这样毒，并且无药可解，只有满足他的贪欲，有一天他拥有了一切，无所追求之时才能平静。只是凶猛的老虎，自做了森林的王的那一天开始，从此就会慈悲为怀，无欲无求吗？人的心深不可测，欲望亦是无休无止，这世上没有谁可以真正拯救谁，唯有自救方能解脱。那些朝着名利勇敢追逐的人，以为自己有了坚定的人生目标，实则迷惘至极。爱情亦是如此，一旦沉迷，纵是万劫不复，亦无怨无悔。

人需要顿悟，悲天悯人的佛只是引导你如何走出迷境，而无法代替你的思想。他会饶恕你的过错，却无法制止你的行为。对待柔弱的仓央嘉措，对待勇猛的拉藏汗，或是对待如草木一般的众生，佛都是同样公平，不会有丝毫的偏袒。只是各人有各人的缘分和造化，一个人走失迷途，不听劝解，佛亦无能为力。就如同仓央嘉措，他每日诵读经文，静听佛号，依旧放不下情爱。难道仓央嘉措的佛缘不深吗？他的悟性不深吗？不，都不是，这一切都命里注定的局，挣脱不了，就只能承受。

拉藏汗要除去仓央嘉措，不需要收集罪证，那漫天飞舞的情歌，就可以轻易摘去他活佛的宝冠。而除去六世达赖喇嘛，不是一件随心所欲的事。毕竟他是西藏政教的最高统治者，加之他在西藏民众中的地位不可动摇，他们对他的爱戴已经到了近乎痴迷的地步。拉藏汗知道想要拉拢布达拉宫的僧众和西藏的民众已是不能，他需要借一把刀，用别人的刀名正言顺地砍下仓央嘉措的脑袋。

其实拉藏汗并不是要仓央嘉措死，这个无辜多情的活佛，从始至终都只是桑结嘉措的傀儡。他有名无实的存在，对拉藏汗来说，从来都不是威胁。拉藏汗贪恋的只是他的宝座，尽管他亦无法名正言顺地坐上去，但是可以找寻一个像仓央嘉措这样的活佛，充当他的傀儡，精心导演一出和桑结嘉措当年一样的戏。为了他的权力，牺牲一个不相关的仓央嘉措，在所不惜。

这一切，仓央嘉措不会不知道，尽管他不参与政事，善良得不解这世间的险恶。但他心里明白，他明白，只是不说。他明白当年桑结嘉措一直把他当作控制西藏政局的棋子，亦明白拉藏汗正在处心积虑地要把他从宝座上拖下来。只是他一如既往地平静，这风雨飘摇的宝座，他突然好想珍惜。跪在佛前，抬首望佛，佛一如既往地平和、慈悲。佛，如果还有来世，我一生为您。他哭了，泣不成声。

隐忍多年的拉藏汗已经迫不及待了，他派上亲信，奔驰进关，

在最深的
红尘里重逢

他要给北京城的康熙皇帝报告，第巴桑结嘉措意图勾结准噶尔人谋反，已被他处决。并在书中历数仓央嘉措的种种恶习，他放浪不羁的行为、嗜酒好色的本性，如此一个不守清规戒律的人，实在不会是五世达赖的转世灵童。他恳请康熙帝废黜桑结嘉措所立的假达赖仓央嘉措，彻底拆穿这场多年的骗局。并要求重新寻找真正的达赖喇嘛，还西藏一个清明盛世。

这世间，真真假假，谁又能分辨得清？都说是真的假不了，是假的真不了，可到底谁给真假恒定了一个标准？多少人欺世盗名，照样风光地过了一辈子，又有多少人，守着虚名，辛苦地苟活着。所谓胜者为王，败者为寇，无论你身上流淌着怎样高贵的血液，败落之时，就只能做别人脚下的尘埃了。仓央嘉措身份的真假已经无从辨别，拉藏汗一口咬定他是假达赖，失去了依靠、孤立无援的仓央嘉措，在布达拉宫里还能支撑多久？

原来拉藏汗要借的刀，就是大清皇帝。唯有他，可以凭借一张薄纸、一个章印，把仓央嘉措从高高的佛座上驱走，摘下他的金冠，脱下他的僧袍，让他在瞬间从尊贵的活佛成为普通的百姓。人生就是一场戏剧，今天上演的是王者，明日可能就是布衣。活佛有活佛的宿命，帝王有帝王的无奈，拉藏汗也有拉藏汗的悲哀。他们要做的，也不过是把这出戏努力唱完，至于辜负了谁，伤害了谁，自己也无从把握。

劫数

结局不过是成王败寇，败者萎落尘泥，王者风华绝代，同样数十载的光阴，长短不同而已，又有多大的区别？

走过多少春去秋来，始终无法丈量红尘的路程到底有多远。你累的时候，也不能停歇，因为时光一直在匆匆追赶，从岸的这边，赶至那条阡陌。有一天你止步，意味生命的历程行将结束，而你亦完成了生存的使命。有些人厌倦凡尘，一心只求颖悟超脱，做佛前一株安静的草木，沾染禅的灵性。有些人却愿意离开禅境，甘愿落入尘网，流散于乱世，清醒又疼痛地活着。

谁是那红尘掌舵人，时而翻云，时而覆雨，时而又风平浪静。总有人说，山雨欲来风满楼，可许多时候，灾难来临之前，天空明朗，白云闲荡，丝毫觉察不出有任何的异兆。所以我们不能太轻信自然风物，阳光不一定给人快乐，烟雨也未必就会带来忧伤。在不能预测的命数里，我们大可安心地活着，也许我们不能不为昨天的过错承担后果，但可以不为明天的故事，背负太多。

终究还是有人不相信，仓央嘉措面对判决的时候，可以做到平静。他不是一个情僧吗？他应该是柔弱的，惧怕世间一切招摇的风雨，任何的伤害对他来说，都会是致命的。我们一直在争执，仓央嘉措拥有的和失去的，到底哪个多些，哪个少些。没有谁能够给出一个确定的答案，因为每个人的追求不同，梦想不同。而我坚信，仓央嘉措这一生是幸福的，他要的爱情尽管没有结果，但他真实地拥有过。他活佛的地位，尽管摇摇欲坠，但是万千的朝圣者从来没有将他抛弃。历史更为了他的存在，写下深刻的一笔，我们都应当记得。

拉藏汗呈给康熙的信函，会得到怎样的结局，已经是不言而喻。英明的康熙帝，从八岁登基以来，对这江山就不敢掉以轻心。他南北征战数十载，永远都是那么睿智而清醒地看迷离世态。这一次，拉藏汗的上书，用意何在，他一目了然。其实关于仓央嘉措的传闻，康熙亦听得不少，对这个年轻而又多情的活佛，他并无敌意。他曾经派人去西藏查验过六世达赖喇嘛的真身，虽没有得到确定的结果，但是他可以预感这位活佛绝非凡人。

只是此时的大清帝国虽算得上是太平盛世，但南国温柔的河山，并没有让康熙一味沉迷。他深知草原上的叛乱不会停息，那么多的苍狼因为得不到满足，总会在寂夜里呜咽，让他不能安宁。这一次拉藏汗虽然帮他除去了精明强悍的桑结嘉措，但拉藏汗这匹狡猾的狼，势力也由此得以扩大。尽管康熙对他无须畏惧，但是亦不能漠视他的存在。英明的康熙不会不知道，拉藏汗是来找他借刀杀人的，除掉仓央嘉措，拉藏汗便可以无所顾忌地执掌西藏政教大权。

康熙无意置仓央嘉措于死地，甚至在夜半无人时，他会偶尔翻看使者从西藏带回来的诗篇。他几乎不敢相信，那些深情美丽的诗句，会是一个禅坐在云端、本该了断一切尘念的活佛所写。他竟然开始对他有些敬佩、有些喜欢，因为他知道仓央嘉措坐在一个万民无法企及的高度，但是他敢于将自己放逐凡尘，游荡在民间，热烈地爱，真实地活。而康熙亦拥有着这样的高度，他却被江山捆缚，从来都不敢有丝毫的叛逆。仓央嘉措可以为自己的心活着，追求世俗的爱恋，而康熙却要为万民苍生而活，早已丢失了自己。

他是君王，他要维护的是他的国，是他的子民。而个人情感永远都是渺小的，一个英明的君主，永远都不能有柔软的情感，否则必定会造成更大的破碎。政治是无情的，多少人都做了它的陪葬品，但它不会满足，一如既往冷漠地索取。很遗憾，仓央嘉措注定要做政治的牺牲品，这是他唯一可做的，也是唯一能做的。纵是康熙有心护他，也已经太迟。

一场戏演到了高潮，想要更改情节，已是不能，想要更换主角，更是不能。无论多少人泪流不止，也终究要把结局演完。既是看客，何必当真，既是青衣，何必伤神。仓央嘉措无心做戏里的青衣，但他必须戴着面具，时而是活佛，时而是浪子，在无情的时光里，做着悲哀的轮回。人们都以为他有着至高无上的权力，只有他自己明白，活得有多么卑微。不过是想和心爱的姑娘在一起，不过是想为她一生描眉，却成了此生难以逾越的迷局。

睿智的康熙没有感情用事，西藏政局需要稳定，他不能为了一个仓央嘉措而引起更大的纷乱。如果说政治是一场赌博，任何东西都可以作为筹码，江山却不能拿来下注，因为输不起。他从来都不会冒险，莫说是为了仓央嘉措，就算为了自己的情感，他亦不会。所以康熙明知自己是拉藏汗借来杀仓央嘉措的利刃，也只好倾囊相赠。这是拉藏汗预备好的一支毒箭，他有把握令仓央嘉措断肠。

就当作是佛祖对仓央嘉措的惩罚，一个犯戒的活佛该受到的惩罚，为了西藏的政局，为了大清的江山，康熙牺牲他，也是在所不惜。但愿这样的牺牲，可以让这片土地从此不再有杀伐血腥，回复从前的圣洁与平静。善良的人们可以在草原上幸福地放牧，快乐地歌唱，世世代代安居乐业。康熙终究还是费了苦心，他敕封拉藏汗为"翊法恭顺拉藏汗"，赐金印一颗。命将仓央嘉措从布达拉宫的职位上废除，"执献京师"。

执献京师。就是将仓央嘉措从西藏解送进京。在别人眼里是对仓央嘉措严厉的惩罚，实则是康熙对他的保护。因为康熙明白，被废除了职位的仓央嘉措在西藏就是拉藏汗的阶下囚，但他依旧会被万民拥戴，以拉藏汗的个性，又怎么会轻易放过一个随时可能给他带来威胁的人呢？所以康熙命人将仓央嘉措解送至京城，就是为了可以让他逃过拉藏汗的砍杀。只有保住其性命，日后才可以为他的去留另做打算。

无论仓央嘉措是否是真的转世灵童，又犯过怎样的过错，但他毕竟是一个至情至性的人。他慈悲软弱的个性从来没有给任何人带去伤害，却无辜地被人操纵命运。并且他经历过坐床大典，接受过万民的朝拜，住进了布达拉宫，做过真正的王者。一个王者，纵算穷途末路，也不该被践踏到没有尊严的地步。但康熙亦不能放他自由，因为以他的性情，只要一脱下僧袍，就必定会游戏红尘。那时候，以他在西藏民众心中的地位，他们会极力将他拥护，难道不会掀起一场不可阻挡的风暴？

康熙的做法可谓用心良苦，但是明白的人，会有几个？当派去的使者传达了大清皇帝的旨意，又将会引起怎样的轩然大波？月有阴晴圆缺，人亦如此，你缺的时候，或许正是别人圆亮之时。拉藏汗终于如愿以偿地得到了自己想要的权力，除去了心腹大患桑结嘉措，又行将赶走六世达赖仓央嘉措。从此西藏这片土地将任由这只雄鹰展翅纵横，当他一生的心愿得到酣畅淋漓的满足，是否也会有一丝淡淡的空落？

高处不胜寒，站在高处看世间风景，芸芸众生，会发觉自己是那么孤独。争夺了一生，换来的河山万顷，却成了沉重的包袱。再华丽的人生，也只是喧嚣一时，那时候，谁来为我们的心疗伤？没有谁生来就是掠夺者，总是被逼迫到无路可逃，才决意和这世俗背水一战。结局不过是成王败寇，败者萎落尘泥，王者风华绝代，同样数十载的光阴，长短不同而已，又有多大的区别？

菩提

他是一株长在佛前的菩提，因为年少无知，禁不住人间烟火的召唤，误入尘网。

做天空中一朵偶然飘过的流云吧，与凡尘一切荣辱擦肩，至于那些匆匆来去的粉尘，是别人的烟火，我们无暇顾及。尽管如此，可我们还是会为一些虚妄的美丽而迷失，会为一份没有结局的故事而惆怅。每一次回首，都是因为有无法割舍的人事，每一次感伤，都是因为红尘还有难了的牵挂。每个人活着都有责任，但这些也只是落在衣襟上的烟尘，一吹即散。对那些已经不能挽留的背影，诚心地道一声珍重，是不是会更好？

春光明媚的草原，走过洁净的白云，走过成群的牛羊，走过许多赶场的牧民，也走过渐次恍惚的世事。历史经过无数变迁，多少人事荒芜成断垣残壁，只有草木安然无恙。今人不见古时月，今月曾经照古人。时光又回到了三百年前，那时候的草原，一定比现在更加洁净明朗。只是天空之下，因为有了那样一个不同凡响的达赖喇嘛，而有了更加美丽的内涵。

当善良的人们还在草原上放牧，传唱活佛所写的美妙情歌时，拉藏汗已经迫不及待地携着康熙的圣旨抵达。神圣庄严的布达拉宫聚集了许多僧人，还有风尘仆仆的朝圣者。桑结嘉措的死，让他们有了敏感的预知，知道他们尊贵的活佛，即将面临一场浩劫。他们决意陪同他一起抵挡这场风暴，以此来证明他们对活佛的爱戴，以及心中生生不息的信仰。

执献京师。拉藏汗煞有介事地传达了康熙帝的旨意，他嘴角微扬的笑意，心中热烈的嘲笑，在阳光下一显无遗。他没有撒谎，这一切都是事实，上面有康熙亲手盖下的印章。狡猾的拉藏汗让大清皇帝相信了六世达赖不是真的活佛，轻易就摧毁了第巴桑结嘉措数十年苦心打理的江山。如今他不用自己亲自动手，就借皇帝的手谕杀死了仓央嘉措。解送京城，仓央嘉措将会遭遇怎样的命运安排？谁也预知不到，但是任何人都明白，一个假的活佛，一个嗜酒好色的浪子，威严的大清皇帝还能饶恕他吗？

他们心中至高无上的活佛，很快就要沦为阶下囚，此去云山万里，吉凶难料，还会有回来的那一天吗？这些淳朴善良的人民，从来都相信这片土地上的一切生灵都有情感，神山圣湖，青草牛羊，都懂得他们的语言，都和他们一样，有着共同的信仰。他们虔诚朝拜过的活佛，在他们心中早已生根，任何谣言于他们来说，都是听过便忘的碎语。

众僧一致不肯认同拉藏汗的说法，要求向康熙帝抗辩，说六世达赖仓央嘉措是迷失菩提，是游戏三昧。迷失，是的，他是一株长在佛前的菩提，因为年少无知，禁不住人间烟火的召唤，误入尘网，结下了一段缘分。谁不曾年轻过，谁不曾犯过错，佛不是慈悲的么？难道一个走失迷途的孩子不该得到饶恕，不该得到原谅？

佛不是说回头是岸么？倘若他愿意回头，犯过的错得到补救，一切就不可以重新来过？乱花迷人眼，绚丽的爱情就是一场璀璨的花事，而仓央嘉措因为年少情多，被绚烂迷了双目，亦是情有可原。佛从来都不惩戒众生，只是把那些走失迷途的人引入正途，让修持不够的人重新捧读经文，参悟菩提。

游戏三昧亦是如此，仓央嘉措只是一个涉世未深的孩子，没能受得住爱情的诱惑，偷尝了禁果。他也只不过想要和心爱的人携手游戏红尘，好好地欢爱一场，用青春换一次怦然心动。从来没有问过会是怎样的后果，他甚至幼稚地以为，自己没有害人，就是最大的慈悲。仓央嘉措写情诗，抒发的只是自己内心的真实情感，亦不曾想过这些诗会流传至民间。他到八廓街去喝酒与琼结姑娘相会，也只是为了个人的宣泄，不曾想到这成了拉藏汗用来除去他的理由。

一个人的游戏，万千人的悲哀。身为活佛，没能排除一切杂念，不能心神平静，他有错。只是他的错，并不意味他就是假的达赖。任何人都知道，这是拉藏汗用来对付仓央嘉措的借口，而这些老僧给出的辩护已成了空文，起不到丝毫的作用。他万里迢迢远赴京城，请来大清皇帝的圣旨，岂会为几个老僧而放弃他唾手可得的权位。没有转圜的余地了，任凭他们老泪纵横地辩护、哀求，拉藏汗冷硬的心肠不会有丝毫的动容。

仓央嘉措独自静坐在布达拉宫的偏楼上，他不会不知道外面的世界已经纷扰到何种地步。他不惧怕死，只是他舍不得这片包容他、荣宠他的土地，舍不得那些信赖他、供养他的民众。他不会不知道，这一次踏上山高水远的路途，此后生死未卜，再也没有归期。再看一眼佛，他所能做的唯有叹息。如若不是他任性，或许第巴桑结嘉措不会死，尽管他紧拽着本该属于活佛的权杖，但他亦有一颗爱护西藏万民的心。

桑结嘉措何曾对仓央嘉措有过真正的伤害？他对他的不信任，是因为在桑结嘉措的眼里，仓央嘉措只是一个柔弱多情的孩子。他没有对政治的欲望，所以扛不起西藏政教这面沉重的大旗。他所做的一切，不仅是为了满足个人对权力的欲望和向往，尽管那张镶金饰玉的宝座，令他在夜半时无眠过，但这不是世俗的王位。或许浴血奋战，孤注一掷还能换来龙袍裹身，活佛的转世早有前因，桑结嘉措能得到的，是真实的权力，那张宝座永远是梦里虚拟的雕饰，与他毫无瓜葛。

如今铸就了这样的局面，真正是，枉费了人间铁。多少人处心积虑谋划的事，到最后前功尽弃，灰飞烟灭。机关算尽，处处布局，陷进去的往往会是自己。但我们还是要为这份虚名去争夺，去算计，直到耗尽最后的心血，才肯罢休。不要去问缘由，世事千缠万绕，我们谁也不是最清醒的那一个。人生最难得的是糊涂，只要在生命的那一刻清醒，就足矣。

闹剧既已造成，没有等到最后的结局，看客也不能散场。此时的布达拉宫被围得水泄不通，他们从高原雪山各个角落汇聚到达赖的身边，匍匐跪倒在宫殿的广场上。料峭的春风拂过他们衣襟，拂过他们满是泪痕的脸。"此大师若非五世之转生，鬼魅当碎吾首。"

这是他们说的话，那么诚恳，那么坚定，直到声泪俱下。

善良的人们，从来就没有怪罪过他们的活佛离经叛道的做法。在拉藏汗眼里认为是不可饶恕的荒唐行为，于众生心中，却是活佛敢于为情爱奋不顾身的执着。然而他们宽广的胸怀，慈悲的心肠，并不能改写佛祖拟定的森然戒律，不能超越世俗禁止的藩篱。那么无力地聚集在一起，跪倒于冰凉的大地，心痛难当。

他们对仓央嘉措的依恋和爱戴，更加惹怒了拉藏汗。但仓央嘉措没有等到拉藏汗的军队动手，就走出偏楼，平静地与拉藏汗对视。短暂的几秒，那双明澈的眼睛令拉藏汗感到莫名心慌。他深刻地承认，眼前这位俊朗无比的青年，就是如假包换的达赖。明知是错误，他亦要将错就错，只要除掉他，这座金碧辉煌的布达拉宫从此就是他的国。他将代替桑结嘉措统领西藏万民，无论他们是否将他拥戴，他只要结果。

看着跪满一地的众生，平静的仓央嘉措终于还是没能忍住，让泪水模糊了双眼。他为这些单纯信仰他的众生，彻底动容。过往的叛逆，是一场无法收拾的残局，摆放在布达拉宫辽阔的佛龛上，散乱已不成章。如此结局，仓央嘉措于心有愧，愧对众生，愧对佛祖，亦愧对佳人。多年来享有的荣耀、恩宠，该是归还的时候了，包括囚禁的苦闷，也到了该了结的时候。

心静则国土静。之所以会有欲念，会受伤害，是因为我们的心太过嘈杂。岁月本是一湖相安无事的静水，因为心的起伏，才泛起波澜。我们要做的是让自己临危不惧，遇险不栗，平静地走下去，无论前方路程是否迢遥万里，脚踩的始终只是一寸土地。

惨剧

仓央嘉措背负着一身的枷锁，看茫茫远方，觉得自己真的是那株迷失的菩提，将会像谜一样荒凉地行走于世间。

　　有一些地方，应该被人们永远记住，无论辗转多少岁月，曾经发生的故事，都历历在目，恍若昨天。也有人说，人生原本就有太多的负重，我们应该学会忘记。一个人不要轻易去承诺什么，既已承诺，就要做到。哪怕对一枚树叶，一只虫蚁，一缕烟火，亦要有所交代。人与人原本不同，我们不能拿自己的标准去衡量别人，亦不能取别人的生活方式当作自己的规则。

　　难舍终须舍。三百年前，拉萨的哲蚌寺正举行一场疼痛的别离，酝酿一场无情的风暴。哲蚌寺是黄教六大寺庙之一，宏大的规模，鳞次栉比的白色建筑群依山铺满山坡，故名哲蚌，象征繁荣。哲蚌寺被誉为全世界最大的寺庙，僧侣数目最多达到万人以上。伫立在哲蚌寺的任何一个方位，都可以看到连绵起伏的山峦和永远不会消散的云彩。如今它那么安宁地坐落在高原辽阔圣洁的土地上，有多少人还会记得三百年前它亦经历过一场腥风血雨的争斗。

　　就在今日，前往哲蚌寺朝拜的人依旧络绎不绝，而他们都只是一些平凡的朝圣者，背着行囊，转着经轮，为的是朝拜庄严的佛祖。他们从不同地方抵达拉萨这座古城，带着前世的约定，无悔于今生。三百年前，人流如潮涌，但他们不是来拜佛转经，而是为了奋不顾身地解救年轻的活佛仓央嘉措。没有人愿意让一片圣洁的土地，沾染尘世的污浊，没有人不想安宁平静，而愿意干戈四起。

　　当年布达拉宫那位至高无上的活佛仓央嘉措，顷刻间沦为阶下囚。他戏剧性的遭遇，让无数民众生出人生祸福难料的感慨。他们是一群信命的人，相信这里的草木牛羊都有转世轮回，都可以预知前世今生。但是他们唯独不信，他们所敬爱拥戴的活佛会是假的，不信一个这样至情至性的年轻人，要遭遇这么大的变数。　　·

　　他们唯一可以做到的，就是尽力让仓央嘉措逃离这场劫数，只要不落入拉藏汗的手中，就可以不接受康熙皇帝的惩罚。他们本该是草原上最自由的牧民，不关心国家政事，不打听人间是非，只守着自己的信仰，拜他们认定的活佛。难道这也有错吗？为什么总有那么多人愿意挑起纷争，为了一个虚幻的地位，甘愿搅碎他们的安宁。

　　那一天阳光那么绚烂，但前来送行的民众立于风中，却感到刺骨的冷。当康熙的使者，还有拉藏汗的军队将仓央嘉措从布达拉宫押解出来，逶迤行至哲蚌寺时，一场蓄谋已久的行动就在瞬间展开。几十位僧众趁军队不备，快速冲上前将仓央嘉措从他们的队伍中解救而出。仓央嘉措还没明白发生什么事，哲蚌寺的门已经被严实地关上。而其余的一些僧侣和信众立刻挡在门口，将哲蚌寺门前的道路堵得水泄不通。

哲蚌寺里，仓央嘉措从刚才惊心动魄的场面中舒缓过来，他为众僧对他的拥护感动不已。只是他比任何人都明白，众僧与拉藏汗的对抗，犹如螳臂挡车。大清皇帝派来的使者，还有拉藏汗浩荡的军队怎么可能放过他，僧众如此不顾后果的解救，将会给他们自身带来伤害。拉藏汗只要给他们一个劫走钦犯的罪名，就可以对这些挡在前面的民众格杀勿论了。

寺外的蒙古军杀气腾腾，有强冲之势，然而数百名武僧林立寺门，诸多民众亦围在当中，不肯有丝毫的退让。拉藏汗全副武装的军队已经将哲蚌寺团团围住，如此僵持了半日，一场血腥的争夺眼看即将上演。愤怒的拉藏汗已经失去了耐心，下令军队强行冲向寺门，诸多信众被他们践踏在脚下，无情的刀剑向这些无辜的人挥砍而来。

一场血战在神圣庄严的寺院展开，比之在世俗中更加酷冷，更加悲壮。仓央嘉措再也不忍看到拥戴他的子民，无辜地死在拉藏汗兵士的刀剑之下。再也不愿，自己这一生，多添罪孽。他走出寺院，束手就擒。可是看到那么多的鲜血，他终究还是太迟。没有一场斗争，不是踩着鲜血与尸骨进行。回首看历史上华丽的宫殿，闪耀的王位，无不隐藏太多的悲剧与酸楚。

死后地狱界中的

法王有善恶业的镜子

在这里虽没有准则

在这里须要报应不爽

让他们得胜啊

具誓护法金刚
坐在十地法界
你若有神通大力
请把佛教的敌人驱走

　　难道这人间真的有一面明镜，可以照彻是非善恶，可以将浑浊的世象、冷漠的人心看得清清楚楚？明镜蒙尘，人心向背，太多的谎言与欺骗，太多的丑陋与背叛，需要我们制止。佛佑众生，众生向佛。倘若每个人都少些欲望，多些善念，或许这世间就不会有那么多杀戮。面对世人的愚昧与残忍，佛无法劝阻的时候，也只能叹息。难道佛真的可以显灵，用他的神通法力，安良除暴？

　　仓央嘉措被押走时，众僧高呼佛号，流泪不止；信众俯首哭喊，惊天动地。他没有回首，那是因为他不忍让他们看到他眼中蓄满的泪。那个背影，是一个凶兆，意味着仓央嘉措此去京城，将永无归期。突然觉得，仓央嘉措就是一朵根植于稀薄尘泥中的莲，从前世移植到今生，又从今生移至某个无人知晓的角落。

　　当年那些信众无比热烈地将他迎来，如今又无比悲壮地将他送走。曾经他灿若晨星，纵是黑夜也遮掩不住他的光芒。而今他萎落尘埃，接受被岁月埋没的命运。他从来就不希望自己这一生困守在布达拉宫，做一个有名无实的活佛，成为别人任意摆布的棋子。所以才会有几次三番的任性妄为，酿出这无可挽回的惨剧。

人生每出戏都蕴藏着一个结局，我们自编自导着剧情，固执地以为可以按最初的想法演到最后，其实那个被欺骗最深的人是自己。仓央嘉措以为自己不会留下什么，以为自己这么走了，就可以从此杳无音讯。但愿自己的魂魄在这片滋养他的土地上徜徉，而恳求西藏的人民将他彻底忘记。他不知道，他的情歌会如同布达拉宫里的香火，经久不息。

从未离开过高原的仓央嘉措，早就听说京城繁华似锦。那一片河山，孕育过无数英雄逐鹿中原、碧血黄沙的故事。还有清越南国，酝酿了许多儿女情长的动人传说。曾经他那么渴望放逐，向往漂泊，带着心爱的姑娘携手戏人间，如今命运许了他的心愿，只不过身边少了一位红颜。望着远方，想象那不曾抵达的彼岸，究竟又蕴藏了怎样的一段烟火？那本该属于凡尘的烟火，与他无关的烟火，如今需要他独自去品尝。

他并不孤独，僧侣为他送别，信众为他送别，草木为他送别，牛羊为他送别。可为什么脚步会那么沉重，不就是赶赴一场死亡吗？他该是无惧的，大清的帝王能奈他何？那个被称作康熙的人，难道不曾有过同样的悲哀——王者的悲哀？那是一种遗世的高度，任何一个凡人都无法体味到其间的寂寥和荒芜。

仓央嘉措视自己的人生为一本别人读不懂的经书，他总是冷冷地翻阅，那些不知所以的日子，恍惚又清醒，迷离又明澈。经书不是情诗，没有韵律，没有平仄，没有惆怅，也没有感伤。只是一小段的禅思，一大段的空芜。让糊涂的人更加糊涂，清醒的人更加清醒。而仓央嘉措，则是那个半醒半迷的人。

　　岁月有情，余生无涯。这是仓央嘉措生命里第二次旅程，他曾经从家乡门隅那个小地方，带着懵懂不知的心事来到拉萨，接受了佛赐予的最高身份。今日又从布达拉宫放逐至遥迢的京城，行将接受大清皇帝最严厉的惩判。都说活佛有着世间最通透的性灵，他应该可以预知自己的明天，而仓央嘉措背负着一身的枷锁，看茫茫远方，觉得自己真的是那株迷失的菩提，将会像谜一样荒凉地行走于世间。

每个人爱人的方式不同，有些人选择生死相依，有些人却愿意用一生的时光来怀念过往的美好。

　　仿佛所有的故事，都少不了离别这样一个片段。如果说开始是为了结局，那么相遇则是为了别离。许多人的眼里，离别应是带着一种感伤的凄美，但我以为，有许多离别，给人带来的却是如释重负的感觉。因为不是所有的相处，都让人愉悦，时间久了总会生出厌倦之心。那时候，所期待的就是离别，无论是短暂，还是漫长，只愿意相离。不承想，一离竟成了一生。一直想寻找重逢的借口，却还是被流年辜负，从今后，便再也不能相见。

　　"长亭外，古道边，芳草碧连天……"想象中的离别应该是这样，古道依依，长亭送别，离人拿衣襟拭泪，无限感伤。"风萧萧兮易水寒，壮士一去兮不复还。"又或者是易水送别，不尽苍凉。而我总会想着三百年前仓央嘉措离开雪域高原时的情景，云山浩荡，长风冷月，又该是怎样的一种荒凉。万物都在为他送别，为他落泪，那场景一定比长亭和易水送别更感人，更悲凉。

他这一去，将如同刺秦的荆轲，永不回返。没有人可以卜算到他未来的命数，连同他自己，那将是一段难以预测的故事，也许是他人生另一段开始，也许只是结局。他的情歌在高原盘旋，似漫天的云彩，有着不绝的烟缕。经幡在风中飘摇，似在招手，亦是在呼唤。还有那永不停止转动的经轮，诉说着世人永远听不懂的话语。有祝福、有不舍、有感叹……

他走出布达拉宫之后，那条曾经为活佛守秘的老黄狗孤独死去。没有人知道它和六世达赖有过相约，那些日子，忠实的老黄狗守在布达拉宫的侧门，等待他的主人黎明前归来。倘若不是那场大雪泄露了仓央嘉措私自出宫的秘密，老黄狗至死都会守护它年轻的主人。世间的事，真的是因果相连，活佛离开属于他华贵的宫殿，守门的老黄狗以死来证明它的坚贞。只是这一切过程，都是悄无声息，不会有人知道。

当年五世达赖罗桑嘉措带着几千僧众，浩浩荡荡从拉萨出发，抵达北京城，接受大清皇帝最高礼节的接待。如今同样是达赖喇嘛，而仓央嘉措却戴着刑具，被押解送京。一个活佛，一个囚犯，就像是一场悲凉的戏剧，一场可笑的轮回。六世达赖不是五世达赖的转世灵童吗？倘若灵魂真的可以不死，以罗桑嘉措对西藏政教所做的贡献，今生又何以要接受这样的折磨？我们不应该像拉藏汗那样怀疑，我们应该像西藏所有信众那样，相信仓央嘉措是真的活佛，因为他有一颗比佛还要慈悲多情的心。他是迷失菩提，佛不会因为他的迷失，而将其放逐。

在西藏有这样美丽的传说，仓央嘉措离去后，拉萨城里所有热恋过他的女子，都把自家的房屋涂成黄色，作为永远的纪念。她们期待着，也许仓央嘉措会从这片温暖明黄的颜色中走出来，对她们微笑，和她们一起喝酒歌唱，与她们拥抱亲吻。多么美丽深情的传说，如果我居住在拉萨城，亦会将自己的房子涂成黄色，不为与仓央嘉措结下情缘，只为一个生动得可以让人落泪的故事。

三百年过去了，传说中那么多明黄的小房子早已不复存在，甚至连一丝印记都不曾留下。但我相信传说是真的，她们必定会以痴情的方式，来怀念拉萨城里最美丽的情郎宕桑旺波。如今只剩下八廓街那间叫玛吉阿米的小酒馆，毫不起眼的小房子，却在每天华灯初上的时候人流涌动。他们从不同城市赶来，带着不同地方的尘土，不同的信仰，只为了同样的情怀。是仓央嘉措的情诗感动了他们，是他的爱情打动了他们，所以愿意为了一个传说，到这里追忆一段逝去的时光。

其实真正又能找到些什么？又或者说这间小酒馆真的留有他们的痕迹？我们并不想自欺欺人，但是宁愿相信一切都曾存在过，许多人需要依靠这些美梦来点缀苦涩乏味的人生。所以才会有这么多人，不顾一切背着行囊匆匆远行，只为了许多不能确定的故事和传说。现实让人有太多的负累，没有谁甘愿作茧自缚，纵算为一个虚无的梦远赴天涯，亦当无悔。暂时的迷醉并不意味会长醉不醒，每个人只在心中建一方狭小的世外桃源，不受外界的干扰，就可以安稳清宁。

初三的明月发白

它已尽了发白的能事
请你对我发一个
和十五日的夜色一样的誓约

情人被人偷去了
我须求签问卜去罢
那天真烂漫的女子
使我梦寐不忘

　　那些情歌还在，玛吉阿米的小酒馆还在，只是那个叫宕桑旺波的浪子去了哪里？那位美丽的琼结姑娘达娃卓玛去了哪里？关于达娃卓玛的下落，也许我们应该给一个交代，一个仓央嘉措刻骨爱过的女子，是她，改变了仓央嘉措一生的命运。她虽重要，但是没有达娃卓玛，仓央嘉措同样会在拉萨街头邂逅别的女子，只是滋味不同，爱的程度不同。他的多情是与生俱来的，那些情诗储存在他的记忆里，只要一碰触到柔弱的心，就会流淌而出。

　　小酒馆的女店主曾经告诉宕桑旺波，他心爱的琼结女子达娃卓玛被其父亲带回了故乡，给她定了亲事，做了别人的新娘。而仓央嘉措亦为此事肝肠寸断，达娃卓玛的离去，破灭了他在凡尘最后的希望。可是达娃卓玛真的嫁人去了吗？她会背叛当初与宕桑旺波的诺言？不，就如同当初仓央嘉措在门隅相恋过的女子，亦同样不会将他背叛。那个居住在门隅小地方的姑娘，到后来是生是死无人知晓，只是我们可以断定，她一生都不可能幸福。但她寄身在那个民风淳朴的小乡村，不能做出任何离经叛道的事来，无论日子多么煎熬，她都要懂得隐忍。

达娃卓玛不同，她在拉萨城游荡过，在小酒馆里疯狂过，她敢于为了爱情付出所有，不顾后果。直到后来，街上传闻浪子宕桑旺波就是居住在布达拉宫的活佛仓央嘉措。她放在心里，不说，亦无惧，她喜爱他写给她的情诗，读得懂诗中的柔情暖意。她知道为什么每天黎明到来之前，他总会悄悄为她压好被角，而后独自离开。她心痛，因为她明白他不愿当那个万民朝拜的活佛，而向往烟火人间。所以她给他更好的爱，夜夜为他倾城，只为博取他的笑。

许多人不知道，拉萨城最美丽情郎宕桑旺波，尽管和大家一起饮酒狂欢，但他的眼中始终隐藏着拂不去的忧郁。这是他与众不同的地方，也是许多女子热恋他的原因。他用最短的时间，在玛吉阿米的小酒馆创造了传奇。因为他的至情至性，所以犯下的错都值得原谅，所以万千的信众会一如既往，甚至比之从前更加拥戴他，珍爱他。

事实上，自从达娃卓玛走后，没有人知道她究竟去了哪里。她就像一个谜，在西藏的历史上销声匿迹。有人说达娃卓玛被第巴桑结嘉措派人处死了，他之所以这么做，是为了彻底断去仓央嘉措的杂念。唯有死，才可以让人无牵。仓央嘉措可以将达娃卓玛怀念一辈子，却再也不会为了她而选择情奔天涯。第巴桑结嘉措要让仓央嘉措明白，是他的多情害了她，让他在罪恶中忏悔，以此守在佛前，了断尘念。

也有人说达娃卓玛并没有嫁人，而是选择回到故乡，独自居住

在一个隐秘的地方。一间小木屋，养了几只牛羊，那么简单地活着。她早已忘却曾经有过的奢华，只想静守四季炊烟，心如止水。以为这样就可以让年轻的活佛将她忘记，以为这样就可以帮他逃过劫数。她忽略了，仓央嘉措原本就不是凡人，所以他的命运早已定好，任谁亦无法将之改变。仓央嘉措被拉藏汗军队押解的那一天，她一定也知道，只是她没有来相送，她不愿意她的出现，给他带来更多的纠缠与伤感。

该过去的过去，该忘记的忘记。我相信，无论仓央嘉措最后的结局如何，达娃卓玛都会好好活着，活到鸡皮鹤发，以此来证明她对爱情真的坚贞不移。任何对自己的伤害都是对爱人的残忍，她要活得让他心安。真爱过的人都会明白，都能理解。每个人爱人的方式不同，有些人选择生死相依，有些人却愿意用一生的时光来怀念过往的美好。

达娃卓玛再也没有去过拉萨城，她像谜一样失踪，有人以为她死了，有人认为她活着，但已经不重要了。无论当年是何种结果，三百年后，她所能留存的只是魂魄，一个孤独游荡在玛吉阿米的小酒馆的魂魄。倘若灵魂可以相依，她与她的情郎宕桑旺波可以永远相聚在这里，让世世代代多情的人来追忆，来感动。也许你，也许我，就是其中的一个。

——爱上一个地方，不需要缘由，

——这世间任何一个角落，都可以栖居灵魂。

卷五

不观生灭与无常

圣湖　玄机　尘网　秘传　重生　独活

圣湖

爱上一个人或许只是一瞬间，忘记一个人却可能需要一辈子。明知如此，可许多人还是要去爱，甚至千里迢迢去追寻爱，多想在今生结一段情缘，让青春无悔，人生无憾。只是爱需要付出，需要承担，纵是辜负亦要忍让，纵是背叛亦要宽容。哪怕有一天失去，用一生的时光来静守、怀想，亦不会觉得是负累，这样的爱，才算得上是真爱吧。

爱上一道风景亦是如此，只是刹那的邂逅，需要用一生来记住。其实我不是一个喜欢漂泊的人，从不愿意荒凉地行走在路上，甚至害怕像浮萍一样无根无蒂地游走。我渴慕的是一份安定，哪怕一间狭小简洁的屋子，也足以放下一颗厌倦漂流的灵魂。如果可以，今生就在一株梅花树下，静听似水流年，与人间烟火淡然擦肩。

但我的心，却对许多地方有着深切的向往，总觉得在有生之年，要亲自走一遭。那是一种宿命的依恋，在梦魂深处萦绕，不可摆脱。

也许是一座繁华的城，也许是一座孤独的镇，也许是一处烂漫的桃林，又或许是一片荒芜的原野。有时候，一片落叶，一粒雨珠，一朵云彩，都会令我魂思神往，感动不已。若说这一生有什么舍不得，我想该是大自然里洁净的风景。它们是安静的，那种安静让我们觉得自己的浮躁与奢侈是多么不应该。爱上一个地方，不需要缘由，这世间任何一个角落，都可以栖居灵魂。过客可以成归人，而归人也许有一天又会做回过客。

也许我们经常会听到这么一个故事，一个残酷至极的人，偶然遇见某位高僧，听他讲经说禅，而有所顿悟，便决意放下屠刀，从此改邪归正。或者邂逅了某个平实感人的片段，一阕令人心旌动摇的风景，便悔不当初，誓死做个善良的人。那时候，佛还会原谅他吗？世人还会容纳他吗？会的，许多的过错都值得宽容原谅。如果这世上有什么让你放不下的人，有什么让你烦恼苦闷的事，都应该学会淡然相忘，选择和一个风景相依，做一个宁静慈悲的人。

在那个遥远的地方，不知是清风的呼唤，还是白云在招手，许多人就那样与青海湖邂逅。那一片湛蓝的深邃，有着让人一见倾心的熟悉和感动。这座湖究竟是从何而来，又在高山之上，停泊了多少年，没有人知道。它隐藏着自己的美丽，并不是怕世人惊扰，多少过客匆匆将它寻找，在这里留下传说和故事，青海湖都一如既往地纯粹。

有人说，这是灵魂的故乡，只适合灵魂居住。而我们的身体，就算来到这里，也终究还是会离开。那是因为太过纯粹的美好，我们要不起，要不起就只能深藏于心，留待以后的岁月慢慢回味。每一年，都会有许多种类的候鸟迁徙到这里，它们愿意为这片湛蓝停步，在青海湖安家落户，世代繁衍，而青海湖也为它们存放梦想，寄予幸福。

当我们深情地凝视这一面雪域蓝天下的湖水，会忍不住思索，那清澈的蓝，是文成公主回望长安时留下的泪滴，还是仓央嘉措行至这里丢失的叹息？岁月在青海湖遗落了一些故事，而这些故事又被收藏在青海湖这部古简中，供我们反复地品读。这些年，那么多的行者匆匆来到青海湖，究竟是为了这片湖水，还是为了曾经发生在这儿的故事？如果是湖水，可是它为何没有丝毫的动容，依旧可以那样平静无波？如果是故事，人生云水，我们到底又能找寻到些什么？

千年前，大唐文成公主跟随着迎亲的队伍行至这里，一定为这片澄澈的湖水停下过脚步。她看过京城的繁华，从不曾想到在这片雪域高原的蛮夷之地，还能邂逅一场这样的纯净。纯净得就像是一帘幽静的梦，让人不忍惊扰。而文成公主被它深深吸引，信了一句话，倘若你失去了什么，上苍一定会交还你什么。她失去了出生的故乡，拥有了灵魂的故乡，她相信，生长在这片明净辽阔的土地上的人，一定是最朴实善良的。

她幸福吗？没有人知道她是否真的幸福。松赞干布为她建了一座富丽堂皇的布达拉宫，发誓要让她成为整个西藏高原最幸福的女人。文成公主在这片陌生的土地上播撒文明的种子，生儿育女，有所失，亦有所得。一个女子远嫁他乡，她的孤寂、清冷与惆怅可想而知，只是她想到一个人的放逐，可以让两地百姓安宁太平，又会

觉得无比欣慰。

人在得意时反而会生出许多欲望，失意之时却很容易满足。这是一片贫瘠又富饶的土地，你来的时候会觉得一无所有，走的时候却觉得行囊已被高原的时光和故事塞满。纵算没有亲临，只凭借一张图片，也会跌落那一湖深邃的蓝色里，甘愿做一场远行的梦。恍惚的记忆，会将我们带离至遥远的年代，想要试图从一面湖水中找寻过往的沧海桑田。

三百年前，仓央嘉措被康熙派去的使者和拉藏汗的军队押解到这里，在青海湖湖边，到底发生过什么？那一个扑朔迷离的日子，至今让人不断地追索，可始终找不到半点蛛丝马迹。历史也曾给出过许多不详的记载，但始终没有一个确定的答案。或许因为仓央嘉措的不平凡，人们亦甘愿那个结局是一道永远无法破解的谜题，这样一万个人心中，就可以生出一万种想象。

历史从来就没有绝对的真实，它经过万千世人的雕琢、修饰，早已失去最初的模样，只留下一些若隐若现的踪迹，留待后人去猜测寻找。多少真相，隐没在碧水长天里，就连一个美丽的泡沫也不会有。青海湖无语，它是神灵的象征，知晓一切过往，却无法让真相大白。真相，藏在湖水中，化作永远的秘密。

在青海湖，有许多民间的传闻，因为虚幻，而更加迷离。那些传闻，如同仓央嘉措的情诗，可以翻译出上百种不同的词句，我们只需要选择一种自己喜欢的便好。唯有一种，没有人愿意相信，没有任何人相信仓央嘉措的人生，会在青海湖终结落幕。他是活佛，是神的象征，没有谁可以拿他问罪，可以禁锢他的人生，更没有谁可以安排他的结局。纵算死，也该有活佛的死法，高傲的死法。

有人猜测，或许是仓央嘉措看到这面湖水，就再也不想离开。他终究舍不得这里的神山圣湖，舍不得那些拥戴他的信众，所以他不甘被放逐，宁可在这里悄然遁迹。或许他早已给自己安排好了一个谜一样的结局，就是为了世人永远无法将他忘记。他是活佛，不需要给任何人交代，人间帝王于他，也不过是一种虚设。

是不屑偷生，还是宿命别有安排，总之是无处可寻。佛家所说的最高境界是涅槃重生，难道仓央嘉措是借着这一湖之水，踏浪行舟，抵达彼岸，看般若莲花盛开？然而多少人为了将他寻找，在这里月迷津渡，流离失所，却还是痴心不改。但终有一枚红日守候于此，那璀璨的金光，如同从佛祖的眉宇间绽放而出的慈悲之光、吉祥之光，无私地照彻大地山河。沐浴在波光中的人们，可以享受自然给予的平等与宽厚。

三百年了，不知道是时光无情，还是人无情，我们真的无须去计较。沉思冥想，不知道什么样的人，才可以和青海湖的水换色，什么样的情，才可以和仓央嘉措的诗歌媲美。留下来，是否是虚妄的等待？离去，又是否是充实的怅惘？来的时候，以为这里就是故乡，背上行囊，依旧做回了过客。

所有的经典都是悲剧，所有的爱情都是神话，
所有的幸福都是奢侈。

　　岁月总是给我们留下太多的谜，谁又是那个解谜的人？正因
为有了那么多不能破解的谜团，才令人对不知所踪的往事更加渴望
知晓。多少恍惚的世事沉入时光的江海，我们又能打捞到些什么？
就如同这一面神秘的青海湖，它这么澄澈平和，纵然沉落湖底，又
能捡拾到什么？一片残缺的衣角？一个锈蚀的经轮？一串腐朽的佛
珠？或是一具孤独的骸骨？

　　每一天都有风雨落在双肩，走过一程又一程山水，赶赴的究竟
是一条怎样的路？或许是一场豪赌，因为谁也没有办法把握得失的
多少，所谓前程难料，吉凶未卜，就是如此。没有人相信，仓央嘉
措当年行至青海湖，死在了这里。但是却会有许多为了寻找他的人，
为了探访悬疑的人，死在行走的路上，结束了一生的旅程。

　　世间多少事，无言可说，无象可形，只是一朵云彩往来，一缕
清风游走。我们可以抓住的也不过是一些虚幻，却还是甘愿为虚幻

沉迷。历史时而给我们厚重的内涵，时而又像是浩荡的洪荒，走进去，看到的总是大漠孤烟、断垣残月。有些变数是天意而为，有些却是人定，当年如果康熙帝不下那道旨令，仓央嘉措就不会被解送至京。那么青海湖，就不会有这么一道解不开的玄机，至今还在寂寥的荒原扑朔迷离。

那是一段漫长的行程，解送仓央嘉措的队伍，从拉萨城布达拉宫出发，一路上与各种风物告别，整个过程都很缓慢。一支由汉、满、藏、蒙等好几个民族的人组合而成的队伍，他们此行只有一个目的，就是听命于康熙帝和拉藏汗，将六世达赖喇嘛仓央嘉措解送进京。漫漫长途，山路艰险，这片荒凉的土地，没有江南的烟柳画船，没有京都的金粉繁华，辽阔得仿佛没有边际。当年五世达赖被盛情邀请进京，一路上无比风光，如今六世达赖则戴着刑具，受尽旅途的煎熬。

押送仓央嘉措的队伍中，有许多都是蒙古兵，大多又是黄教弟子，他们对这位年轻的活佛亦心存敬意。尽管他们要听命于拉藏汗，但是没有过多地为难仓央嘉措，在他们心里，他只是落难的活佛，而并非拉藏汗谣言里的假达赖。就连大清的使者，这一路上，与仓央嘉措有了近距离的接触，亦被他的慈悲所感动，再听闻他的情诗，更加肯定他就是真的活佛。所以他们对仓央嘉措甚为照顾，与其说是押解，莫若说是护送。

毕竟山迢路远，这些年，住惯了华丽的布达拉宫，过着锦衣玉食生活的活佛，何曾受过这样颠沛流离的苦。他们翻过茫茫雪山，越过戈壁荒原，一路上遭遇无数恶劣的自然天气，甚至有一些士兵

世间的事，从来都是有得有失，
你以为拥有了人间唯一的太阳，
却不知早已丢失了最明澈的月亮。

那个秋天是人生离别的渡口，
一个为了前世的宿债远赴天涯，
一个为了没有结局的约定虚无等待。

如果今生将永远囚禁在这座华丽的宫殿里，

那么请将我交还给前世，

或许我还可以再选择一次，再经受一次转世轮回。

那一袭红色僧袍，披在身上，
为什么总是让他心烦意乱？

也许这世上，谁也不要把自己看得太重。
因为任何人的离去，都无法令天地动容，
日月失彩，青山依然常在，绿水依旧东流。

无论是死亡，还是遁去，他的人生，都是在二十五岁之时画上句号。

生，不过是一朵花开的时间，
死，亦不过是一片叶落的刹那。

所有的经典都是悲剧，
所有的爱情都是神话，
所有的幸福都是奢侈。

手捧经书，坐卧不宁，
他时刻想着如何才能脱离束缚，
还他往日的逍遥。

他是一株长在佛前的菩提，
因为年少无知，禁不住人间烟火的召唤，误入尘网。

哪怕誓言还没有冷却，舞台还灯火阑珊，
该散场的终究还是要散场。

一个被禁锢多年的灵魂，
对自由的向往该是多么强烈。

他早已脱胎换骨，似一株莲，落尽最后的花朵，寻到他最终的果。

你呼吸的时候它在空气中，
你做梦的时候它在梦里，
你流泪的时候它在泪水里。

是梦，就该醒来，
是爱，就该延续。
缘起缘灭，看似久长，
回首也只是匆匆。

经不起折磨死在路上，被无声无息地葬于荒漠。没有人知道他们的存在，他们平凡得就如同高原里的草木，因了仓央嘉措，才有了这么一段不平凡的旅程。可人们记得的，终究也只是仓央嘉措，他们只是他生命里可有可无的点缀。

经过几月的长途跋涉，当他们抵达青海湖草原时，那位风流倜傥的活佛，此时已是形消骨瘦。曾经那么希望自己做一个过客，带着心爱的姑娘，策马扬尘，远离这里的山水，找一个人生客栈，作为此生的归宿。可如今他害怕这样的颠沛，因为他失去了那个可以给他托付的女人，失去了他曾经抗拒的活佛地位。他是囚犯，不知道该拿什么来证明自己本就一无所有的清白。又或者说，他的心思，又何曾真正有人懂得。

这是个信宿命的地方，烟火中都弥漫着宿命的气息。青海湖，多少人在这里许下心愿，只是它又给得起多少人圆满？那么多人将石子投入湖中，是因为他们相信青海湖，始终会给人间一个公平的交代。来到这里的人，都会为仓央嘉措祈福，无论你是否信宿命，是否有相同的信仰，都愿意为圣湖，为六世达赖，留下永远的祝福。尽管他早已在这世间销声匿迹，早已下落不明，但我们依旧相信他的魂灵会在此徜徉，只为了回报给这万千为他来往奔赴的众生。

《清史稿》曾有记载，青海湖就是仓央嘉措的埋骨之地。至京的途中，年仅二十五岁的六世达赖，病逝于青海湖，将生命，托付给那湛蓝纯净的湖水。可是那么潦草的记载，又怎能让众人信服？此后的民间，对于仓央嘉措的下落，却是众说纷纭。他的生死之谜，留在青海湖，湖水沉默，不做出任何的解答。而仓央嘉措的死亡之谜，成了历史上，以及藏传佛教里，一个无法破解的悬案。

关于他的下落，传说太多，那么神秘，又那么凄美。有说他行至青海湖，染了一场大病，病逝于此。也有说他在路上就被拉藏汗秘密杀害，为的是不让他有机会见着大清皇帝，而引起大的变更。也有人说，他最终还是被康熙帝囚禁于五台山，抑郁而终。最后一种是许多人所期待的，仓央嘉措遇到了好心的解差，冒着危险私自将他放了。从此他隐名埋姓，做了青海湖畔一个普通的牧人，诗酒风流，过完余生。

这些都只是传说，是众人给这个富有传奇色彩的情僧，描上一笔又一笔神秘而浪漫的色彩。其实我们都是岁月的手下败将，无论仓央嘉措的宿命属于哪一种，最后都是归入无尽的风尘。是二十五岁死去，又或者活到白发苍苍，也只是生命的长短，过程不同，结局却一样。但我们内心深处总是会有渴望，就像看一部戏，越是曲折就越生动，演戏的人入了戏，看戏的人也走不出来。

也许仓央嘉措真的是病死在青海湖，他受不了颠沛之苦，生了场大病，不治而亡。而没有人愿意接受他的死亡，宁可相信他飘忽遁迹，隐秘无踪。拉藏汗是不会在半途秘密杀死他的，如果真要他死，仓央嘉措或许连布达拉宫都走不出。城府高深的第巴桑结嘉措，都要在他面前人头落地，何况只是软弱孤独的仓央嘉措。他也没有被囚禁五台山，倘若真被康熙囚禁，那么清史上便会有详细的记载，无须留下一个谜团，让世人疲惫猜测。

仓央嘉措真的留在青海湖了吗？是否与这里一个牧羊女发生了一段简单美丽的爱情故事，青海湖的神灵满足了他的心愿，让他在这片宁静的地方，诗酒风流地过了一生？一定不会是这样的，他是活佛，他应该想方设法走出尘世的曲径迷津，又何以能够坠入尘网，甘愿一生萎落尘泥。再说纷扰的人间，又何曾会有他想要的圆满，那种不负如来不负卿的圆满？他选择布达拉宫，一生为佛，就要辜负佳人。他选择逍遥红尘，与佳人欢爱，就注定会背叛佛祖。所以，众生亦无法给仓央嘉措安排一个完美的结局。

所有的经典都是悲剧，所有的爱情都是神话，所有的幸福都是奢侈。是花都会落，是缘终会了。不知道每一天我们马不停蹄地追求什么，是否用尽所有的激情，拼尽一切，才肯善罢甘休。待到疲倦的时候，就只想静静地任由生死，一旦有了气力，又要放纵挣扎。我们惧怕轮回，其实所有的轮回，都是自己亲手造成。做一个安于现状的人，疲于奔命，聚散离合都司空见惯，风花雪月也当作有情。

再看一眼青海湖，它依旧无语。几百年了，它承载了这样不可解说的秘密，被世人发出无数次追问，难道就真的一点都不累吗？应该是不累，否则，何以如此安静平和，何以如此澄澈清白。只有在微风中，那一面湖水泛起微微的波澜，似有未尽的心愿，想要告诉我们。

到底隐藏了一个怎样不为人知的秘密？那个叫作仓央嘉措的人，究竟又去了哪里？他此生的传奇，是真的已经结束，还是刚刚开始？青海湖，是他的缘灭，还是他的缘起？

尘网

我们喜欢在寻常的日子里，独自调一杯情绪，
里面的悲喜、酸甜可以按照自己的口味搭配。

佛说，放过那些曾经为爱走失迷途的人吧，饶恕他们，也是宽容自己。人生有许多陷阱都是自己亲手挖的，以为可以捕获别人，掉进去的往往是自己。世上有尘网、情网、名利网，你舍不得什么，就会被什么网住。世事当是如此，有舍有得，不舍难得。只是谁又有把握，得到的就一定会比舍弃的多呢？

我们喜欢在寻常的日子里，独自调一杯情绪，里面的悲喜、酸甜可以按照自己的口味搭配。但人生这道茶，却不容许我们随意冲泡，失了分寸，就会成了一生的苦茗。仓央嘉措贵为活佛，人生这杯茶，也不能自斟自饮，奈何总是听从于宿命的摆布。他把一片冰心掷入壶中，待到茶凉人散，又该何去何从？

那本是一个活佛招摇的年代，无数藏民以佛教为此生永不变更的信仰，甘愿俯首为奴。他们相信因果，相信世间的一切都有轮回，相信他们生活的这片土地有神山圣湖护佑，世代都会平安幸福。当年大清顺治帝曾经多次盛情邀请五世达赖进京，之后五世达赖罗桑嘉措在大清官员的陪同下，率三千余人浩荡地前往京城，顺治帝用最高礼遇接待。五世达赖走了之后，还赐他金印和无比尊贵的册封。

奈何政局有太多的争夺动荡，纵是佛国，亦没有净土。第巴桑结嘉措若不是怕引起西藏政局动乱，也不会对五世达赖的死匿不发丧，而六世达赖仓央嘉措亦无须隐藏在民间整整十五年。十五年，一个呱呱落地的婴孩长成一个俊朗风流的少年，他的思想，他的情感都留在那个崇尚自由和爱情的小村庄。这份平淡的幸福，被一个隐秘的身份彻底击碎，他第一次尝到失去的痛苦，失去了故乡的亲人，失去了青梅竹马的姑娘，失去了他拥有的自由。

任何一个人都知道，仓央嘉措是在一无所知的时候，接受了活佛的身份。被桑结嘉措从门隅小村带至拉萨的布达拉宫，从一个放牧的少年，摇身一变，成了众生拥戴的活佛。他脱下朴素的服装，穿上僧袍，坐在高高的佛座上，接受万民虔诚的朝拜。如果不是第巴桑结嘉措担忧政局，迟迟不肯将权杖交给他，他可以随心所欲地主持政事，就不会为几年傀儡的身份而苦闷。

所幸他有了别的幸福，布达拉宫那一扇通往拉萨城的侧门，为仓央嘉措找到了他一直向往的春天。那间叫玛吉阿米的小酒馆，满足了他梦寐以求的心愿，那个叫达娃卓玛的琼结姑娘，弥补了他数年的孤苦。那是仓央嘉措一生最幸福时光，每天期待日落，只有在夜晚，他才可以尽情地放纵灵魂，在小酒馆里喝酒欢唱，和心爱的姑娘午夜温存。而天亮之前，布达拉宫那条忠实的老黄狗会将他守候。

倘若没有拉藏汗的出现，没有他搅乱一湖静水，仓央嘉措还可以继续拥有他的幸福。他可以放弃至高无上的权力，只要桑结嘉措不过问他在民间的事，让他做拉萨城里最美的情郎，每日欢唱自己的情诗，和心爱的姑娘逍遥自在。幸福总是太短暂，还未尝尽甜蜜的滋味，姹紫嫣红的春光就那样一去不复返。达娃卓玛离开了他，桑结嘉措被处死，偌大一座宫殿，只剩下他独自一人承担。

有了权力又如何？他从来就做不了那个驰骋草原的勇士。那时西藏的政教，已是一盘散乱的棋局，喜欢春梦柔情的仓央嘉措，又如何可以力挽狂澜，反败为胜？他受命运的牵制太久，除了会在寂夜里读经，就是灯下写情诗。这一生仓央嘉措都无法像五世达赖那样，拥有雄韬伟略的胸襟，他有的只是风花雪月的柔肠。在一个太平盛世，他或许会幸福，在那个动荡的年代，他注定成为政治的牺牲品。

无论那些朴实善良的民众如何地拥戴他们的活佛，却无力将他保护。他们眼睁睁看着他被拉藏汗的队伍带走，血肉之躯筑就的城墙不堪一击，这样无谓的举动不过是多了几个陪葬的人。而年轻的活佛，只能看着他们泪垂，留下灵魂，让躯体放逐。他的情歌，从此融入每个人的灵魂深处，温暖着他们的身体，排遣他们的寂寞，也成了他们一生的珍惜。

我们应该信缘的，在摩肩接踵的人流里邂逅，就是缘分。倘若无法抓住，纵是缘定三生，耗尽了也终将成陌路。仓央嘉措和达娃卓玛的缘分终究还是太浅，相处的时间短暂得还不到一个春天和秋天的距离。也许正因为短暂，才会令仓央嘉措那般地刻骨铭心。倘若在一起久了，彼此生了厌烦，过往的美好都成了累赘，那些情诗岂不是要在记忆中彻底删去？都说若即若离才有美感，爱情不能太投入，爱的时候，可以包容所有缺点，一旦丢了那份感觉，优点都是负担。

　　仓央嘉措来到青海湖，看着那一湖平静的水，就再也离不开了。他认定这面圣湖将会是他此生的归宿，无论是葬身于此，或是以后依旧漂泊遗世，他都要在这里留下些什么，告诉世间芸芸众生，六世达赖仓央嘉措曾与青海湖有过一段宿缘，并且这里是他停留过的驿站。其实他早已在这片纯净的蓝色中，看到了自己的信仰、自己的未来、自己的梦想，以及一切的前因果报。但他不说，宁愿让世人以为这个像天神一般的人物，在这里神奇死去，或是神秘失踪。

　　这是他给众生设下的谜，是他一手摆好的局，没有人可以猜得透其间的玄机。来的人，摇动手上的经轮，投下几枚石子，或装一罐圣湖的水，为他祷告祝福。听着恍惚的传奇，猜测他的行踪，又不厌其烦地念读他的情诗。谁说他什么都没有留下，在那辽阔湛蓝的湖水面前，他终不忘留下他的情诗。若说世人为何迷恋仓央嘉措，亦是被他的情诗所感染。倘若丢了这些柔肠百结的情诗，他还是仓央嘉措吗？

　　究竟是怎样的一个男子，拥有怎样的情怀，才可以写出这样绝美的诗句。仓央嘉措，他不愧为布达拉宫最大的王，不愧为拉萨街头最美的情郎。唯有他，才当得起一代情僧，他的深情与慈悲，已成了藏民的信仰。可他还是走了，离开了那些爱戴他的信众，走得那么洒脱，那么彻底，那么义不容辞。

　　直到后来，蒙古族人阿旺伦珠达吉的一本《六世达赖喇嘛秘传》

满足了许多人的心愿，他延续了仓央嘉措的生命，指引我们去寻找那个谜底，并为他续写了下半生的传奇。让我们相信仓央嘉措真的没有死去，他在青海湖神秘失踪，从此开始了另一段漂泊的人生。

有缘终会再聚。多想邀约一个人，去一次青海湖，去一次布达拉宫，寻找仓央嘉措的埋骨之处。不知道几百年来，那么多虔诚的信众是否可以找寻到他的舍利，他的发丝，或是他身上的某件饰物。如若他真的是佛，那么死亡亦是灵魂的解脱，它可以让灵魂飞翔，并且找寻到归宿。他的人生虽是一场无法阻挡的悲剧，但我相信，仓央嘉措绝不会在最后一幕选择潜逃。

无论是死亡，还是遁去，他的人生，都是在二十五岁之时画上句号。

　　是到了与韶光诀别的时候了，季节的春光，消逝了还会重返，而人生的春光，流失了就一去不回。岁月依然苍翠，只是一些沧桑的故事将其浸染，令年轻的影像开始泛黄。当一个人走过一段历程，总会觉得过往的青春被枉自蹉跎，如今所有相逢已晚。多想回到过去，容颜姣好，伤感也温柔，惆怅亦美丽。

　　趁着飞雪轻扬的日子，赶赴一场时光的赌注。人世历经无数沧海桑田，为什么还不明白，于时光面前，我们永远都是输者，输得一败涂地。年轻的时候，拥有大把时光，只觉得无论如何荒废，都不为过。那时候，大凡皆不信因果，不信宿命，以为凭借自己充沛的精力，能够与命运抗衡。直到光阴给了一身的伤，才知道一切前缘都是命定，一切结局早有安排。既然无力更改生命行走的轨迹，又何必怅叹流年太过匆匆。

　　诀别之时，总喜欢说一句，相忘江湖，各自安好。其实相忘就是转身，转身之后，从此人海苍茫，再要重逢是多么不易。我们都是浩渺天地的一粒微尘，从哪儿来，就要回哪儿去。只是等到那一天，曾经犯下的错，是否还可以弥补？曾经错失的缘分，是否还可以重来？曾经许下的诺言，是否还有机会兑现？

人生无常，听过了太多悲剧的故事，无论你是一个怎样坚强的人，面对死亡都是那么不堪一击。纵然相信世上有转世轮回，但来生之事终究不可预见。走过奈何桥，喝下孟婆汤，今生情缘彻底了断，哪怕来生再次相逢，也不知道谁是谁前世铭心刻骨的那一个。珍惜缘分，拥有现在，给不起太多的温暖，也不要去伤害。

与仓央嘉措相比，我们都是平凡的人，今生为人，来世不知道是何种生灵，也许是花木，也许是鸟雀。他是活佛，所以他必定有来生，他的来生依旧是神佛，依旧那么至高无上。但不是所有华贵的生命，就一定可以拥有幸福，不是所有卑贱的生命，就注定没有美好人生。世事的圆满在于人心，一颗甘于平淡的心、容易满足的心，会比贪欲旺盛的心得到更多。

与别的活佛相比，仓央嘉措算是幸福的，十五年随心所欲的生活，给了他无尽的自由。他拥有过世间最平淡的幸福，拥有过人生最美好的爱情，而这些，是其余的达赖不曾有过的。既然仓央嘉措不是一个贪恋名利的人，那么他应该满足，满足这些年他所得到的，而忘却他的所失。他终究是不同于他们，自从在青海湖畔神秘失踪，他就注定是藏传佛教里，最神奇的一位达赖。

无论是死亡，还是遁去，他的人生，都是在二十五岁之时画上句号。如果他的肉身真的在二十五岁死去，那么他就永远活在二十五岁。如果他没有死在青海湖，那么传说里那位隐姓埋名的人，也未必就是他。纵算他活着，生命得以延续，都不再是二十五岁之前的仓央嘉措了。他将是另外一个人，一个我们陌生的人，尽管他的传奇在继续，他的佛法在传扬。但我们记住的，永远是二十五岁之前的仓央嘉措。那个在门隅小山村里，自由放牧的少年；那个在布达拉宫，接受十万信众朝拜的活佛；那个在拉萨街头，欢唱情歌的浪子。

　　而三百年来，那么多前赴后继的追寻者，为的也只是从前的仓央嘉措，那个会写情诗的仓央嘉措，那个囚禁了躯体，灵魂一直在放逐的仓央嘉措。但他们没有放弃对青海湖之谜的探究，自青海湖之后，仓央嘉措就是一个谜，荒凉行走于人世，来无来处，去无去处。于是，他们相信了传说，相信了阿旺伦珠达吉写下的那本《秘传》。

　　多少人，在昏黄的酥油灯下翻读仓央嘉措的情诗，又翻看阿旺伦珠达吉的《六世达赖喇嘛仓央嘉措秘传》。他们和我一样相信，既然历史上真的有一个仓央嘉措，既然他真的出生在藏地，既然他真的来到过青海湖，就必定会留下些什么。哪怕是遁入草木山石间，隐没风霜雨雪中，也一定可以将之寻找。冥冥中会有安排，指引你我在某个不经意的日子里，找到那个谜底。

　　情到深时，总免不了问一句："为什么要让我遇到你？"是啊，假如没有相遇，我也只是一粒平凡的尘土，每天为了生活忙忙碌碌，湮没在茫茫人海中。因为有了相遇，一切开始改变，有了向往和追求，有了责任和担当，有了喜悦和痛苦。所以有时候宁可一生不要相遇，宁可一生不要握手，但人生倘若没有相遇，又将会是多么索然无味。

我们不曾与仓央嘉措有过相遇，却常常会因看了他的情诗，而为他牵肠挂肚。无数次想象，他的生命绝对不会那么短暂，他应该还有很漫长的未来，携着活佛的使命，在人世行走，普度众生。那是因为人生有情，他是情僧，他把情感传染给世人，把命运托付给岁月。尽管阿旺伦珠达吉的《秘传》未必真的可信，但他却给我们讲述了仓央嘉措后半生的神奇。

　　《六世达赖喇嘛仓央嘉措秘传》，又称《殊异圣行妙音天界琵琶音》。记录了六世达赖仓央嘉措的坎坷经历，延续了他从青海湖消失之后的传奇。作者是蒙古族人阿旺伦珠达吉，他自称从小随仓央嘉措出家为僧，学习佛经。以后又赴西藏进修，精通藏文，修习显、密教法，故而佛学造诣高深，成为精通显、密教法的佛教大德。

　　阿旺伦珠达吉据说为第巴桑结嘉措转世灵童，是在阿拉善出生的第一个转世活佛。书中诸多情节与汉藏蒙等多地史记和民间传说相互印证，但因为《秘传》的讲述过于神奇，历史上又没有其他关于仓央嘉措从青海湖消失之后的真实记载，所以让人真伪难辨。因为是秘传，自然不可当作正史一样去深信不疑，看过的人可以不必过于当真，但不能忽视它存在的意义。

　　阿旺伦珠达吉的《秘传》，不但没有解开仓央嘉措的生死之谜，反而让原本就虚幻的故事更加扑朔迷离。他的文字，给了世人无尽的想象，让那些探秘者，相信仓央嘉措真的还活着，并且如他书中所写的那样，仓央嘉措开始了另一段人生历程。自离开青海之后，仓央嘉措的行踪遍及整个青藏高原，并周游尼泊尔、印度、以及中国的西康、蒙古各地弘法，从而实现了他普度众生的活佛使命。

也许我们真的不必计较仓央嘉措究竟去了哪里，任何烦琐的追问，对他来说，都是酸腻的纠缠。他为爱情而生，为自由而生，倘若说二十五岁之前的仓央嘉措辜负了佛祖，辜负了佳人，那么就让他用将来的岁月，来弥补以往的过失。只是此后的仓央嘉措，再也不是从前那位倜傥风流的青年，他背负了太多的使命，受尽颠沛流离的苦难。我们所看到，只是一个独自游荡在红尘的行者，一个落魄于浊世的僧人。

那些漂流的岁月，仓央嘉措不再拥有爱情，没有写下诗歌，他洒脱的人生，跟随他二十五岁的年华一同死去。过往的一切结束在青海湖畔，湮没在历史滚滚的风尘里，也沉浸在碧波无语的湖水中。不要再企图得到什么，过去的让它过去，该来就让它到来。既然信了因果，就应当相信，这世间虽有不死的肉身，但亦有不灭的灵魂。无论那个在红尘游历的人，是不是仓央嘉措，只是他曾经存在过，就是人间真实的美丽。

倘若他真的没有在青海湖死去，《秘传》里所讲述的仓央嘉措也未必就是他。善良慈悲的人们，或许并不愿意看到，曾经崇敬爱戴的活佛离开了他们，经受未来那么多的流离之苦。人生这场戏，或许要演尽了悲伤，才会收获快乐；要受尽了屈辱，才会重获尊荣；要尝尽了苦楚，才会自然回甘。

重生

一个被禁锢多年的灵魂，对自由的向往该是多么强烈。

　　该怎样阅读一首动人的诗歌，才不会惊动已经平静的心情？该怎样讲述一个过客的故事，才不会打扰行将安宁的日子？人的情感和命运，就像漂浮的流云一样无法掌控，时聚时散，时离时合。我们对因果到底了解多少？前世的因，今生的果；昨天的因，今日的果。难道因果轮回，就真的会那么准确无误地到来，不出现丝毫的差错与偏池？

　　这世间的事，可以当真，亦可以不当真；这世上的人，可以全信，亦可以全不信。一切听凭自己的心，心会告诉你，该做些什么，该听些什么，该喜欢些什么。只要不扭曲别人的想法，不妨碍别人的生活，不阻挡别人的追求，就是最大的慈悲。但我们依旧可以编织一些幻梦，去感染别人，试图给生活添一些情致，给人生添一点希望。

　　许多人看过了阿旺伦珠达吉的《秘传》，会不由自主地让自己沉浸其间，假装这些故事仓央嘉措经历过，久而久之，就变成了真的。这算不上是自欺欺人，人要学会自我调解，才可以获取更多的快乐和满足。倘若一味执着于真相，将会失去许多美好的想象过程，失去原本追求的意义。

"……刹那间，如天摇地动一般，狂飙骤起，一时间昏昏然方位不辨。忽然，见风暴中有火光闪烁，仔细一看，却原来是一位牧人打扮的妇人在前面行走，我尾随她而去，直到黎明时分，那妇人悄然隐去，风暴也停息下来，茫茫大地，只剩下了无垠的黄沙尘烟。"这一段文字是阿旺伦珠达吉在《秘传》中的记录。

仓央嘉措离开青海湖，在茫茫风尘中独自前行，之后有了此番际遇，而这位妇人是天母，只为了现身令他脱险。如此神奇的际遇，给本就迷离的仓央嘉措，更添了几许神话般的色彩。别再计较此事的真伪，总之仓央嘉措是脱险了，不再是被几千人押送至京城的囚犯。看来仓央嘉措此生与那座皇城真的无缘，他属于苍茫的藏地，唯有在这里，魂魄才不会孤独无依。

这是仓央嘉措自十五岁住进布达拉宫后，第一次获得自由。看着洁净天空飘荡的云彩，看着那展翅飞翔的苍鹰，乃至打身边拂过的清风，这一切让他感到从未有过的舒畅。昨日种种已死，他拥有的只是现在和明天。仓央嘉措再也不是那个高坐在布达拉宫佛床的六世达赖，也不是那个可以飘荡在拉萨街头肆意喝酒狂欢的宕桑旺波。如今他是谁自己也不知道，他要做什么亦不知道。他只知道他是自由之身，可以在这片辽阔的荒原任意往来，哪怕受尽苦难，亦无怨无悔。

一个被禁锢多年的灵魂，对自由的向往该是多么强烈。人的心，既坚强又柔弱，既喧闹又孤独。无论身处何地，拥有或华贵或朴素的生活，对自由是一样地渴望。就像一个享尽富贵的金丝雀，让它一生不得与大自然接触，它还有快乐可言吗？就如同一匹千里马，将它交付给一个庸碌无为的主人，它还能一日千里吗？又好比一个雄才伟略的谋臣，让他追随一个残暴无德的昏君，他的才华是否还可以施展？

　　这么多年，仓央嘉措虽然身为西藏政教的首领，是十万信众心中的活佛，可他没有真正快乐过。因为他失去了自由，他就是关在华屋里的金丝雀，被玉粒金莼喂食，依旧形消骨瘦，郁郁寡欢。倘若没有玛吉阿米那间小酒馆的那段美丽插曲，仓央嘉措或许已经枯萎在布达拉宫，人生再无乐趣可言。经历一场幻灭，他需要的是重生，只有重生才可以让他找回曾经丢失的一切。

　　可是重生之后真的可以按照自己的意愿活着吗？我们生存于这个浩大的世间，每一天都要与拥挤的人流擦肩，每一天都要看到生老病死，每一天都会有不可控制的意外发生。没有谁可以像闲云野鹤一样，自在来往，不受拘束。你是阳光，要给人间温暖；你是雨露，要给人间湿润；你是月亮，要给人间明净；你是草木，要给人间绿意。就是如此，各有使命，各尽所职。

　　仓央嘉措重获自由之后，首先想到的则是那些拥戴他的信众。他忘不了自己从布达拉宫押解出来的情景，那些僧侣和信众为他泪流不止，为他奋不顾身，为他流血牺牲。如今他得以解脱，亦是因了藏民的解救，是佛祖的慈悲。他应该用自己多年修炼的佛法，用自己清醒的智慧，拯救那些卑贱如蝼蚁的人群，拯救那些依旧沉湎在愚昧与苦难中的众生。

他是活佛，是寥廓星河里璀璨的一颗星子，是苍茫大海里激越的一朵浪花，是深山岩石下的一块老玉，是碌碌凡尘里的一个智者。佛陀延续了他的生命，意味着赋予了他更大的使命，在巨大的使命面前，他不能退缩，并且知道未来的路，不会平坦。如果曾经有过辜负，他应当做出弥补，如果曾经是一场错误，他应该改过自新。

经过长途跋涉，仓央嘉措已是筋疲力尽，一路上饥寒交迫，仓央嘉措初次尝到远行的苦。一个过惯了安逸生活的活佛，从此过上了亡命天涯的日子。倘若拉藏汗知道仓央嘉措尚存于世，他能饶过他吗？迫于拉藏汗的势力，仓央嘉措只能隐姓埋名，放逐在雪域荒原。尽管颠沛，但他总算拥有了自由，尽管不能以真实身份出世，但他可以做一个遁世者，做一个云游四海的无名僧人，哪怕只是一个天涯羁客，他亦可以一路修行，一路度化众生。

路途艰辛，苦难重重，仓央嘉措混迹于各色人流中，经历许多前所未有的遭遇。小时候生活在宁静的小乡村，从不知道外面的世界是这样辽阔。后来住进了富丽堂皇的布达拉宫，更不知道人间还有这么多的悲苦。原来红尘之中有如此多的漂泊客，为了生存像蝼蚁一样忙碌，却依旧换不来最平实的安稳。仓央嘉措跟随这些人一起，过的亦是风雨飘摇的日子，他吃过剩饭，睡过岩洞，甚至衣不蔽体，朝不保夕。

仓央嘉措自青海辗转四川，游历康定，又在峨眉盘桓数日，后来抵达康藏地区，不幸在这里染上天花。他忍受着病痛与饥饿的折磨，几次三番与死神抗争。那么多的苦难，他独自艰辛地挨过，他不明白，是谁将美好的人间，变成了炼狱。此后多年的流浪生活，让他尝尽人世凄风苦雨，经受无数次劫难，而他亦将这一切，当作是佛祖对他的惩罚，是上苍有意的磨砺。

流落民间，经受苦难的煎熬，让仓央嘉措觉得，过往游戏人生是多么不应该。那些政治上的高层统治者，为了权力而挑起战争，又是多么令人发指。自己枉做了多年的活佛，枉读了数年的佛经，竟从不曾对这些信仰他的众生，有过丝毫的帮助。难道他的使命，不是为了众生的幸福吗？难道他可以为了自己的享乐，而对他们不管不顾？难道他不该无私地站出来，独自处身于黑暗与污浊，为大众承受苦难，给他们光明与温暖？

昨日一切，犹如水中之月、镜中之花，那时候他沉浸于美梦中，还时常怨天尤人。如今方知道，他早该从梦中醒转，走进众生之中，在尘埃里开出洁净的莲花，才能给佛祖交代，给那些膜拜过他的信众交代，也给自己交代。用他的灵性与慧根，度化众生，让他们走出苦难与愚昧，从而灵魂获得真正的超脱。

当年以为山穷水尽，走到无路可走的境地，可如今却觉得漫漫行途，远方很远。到后来，在浮世红尘游走，仓央嘉措已学会了闲庭信步。残羹剩饭，他品出般若滋味；寄身雪域荒原，他如端坐云间。过往的荣华富贵，已是云水；曾经的风花雪月，当如幻梦。

独活

也许这世上，谁也不要把自己看得太重。因为任何人的离去，都无法令天地动容，日月失彩，青山依然常在，绿水依旧东流。

人生就是一场游历，无论是背着行囊，一直漂流在路上，还是有安身的居所，都是在游荡。时光从来都不是静止的，就算我们躲在一个没有纷扰的世外桃源，也依旧要看尽春花秋月，要经历生老病死。有一天，繁华终会落尽，有一天，我们都会孤独老去。看过生命里最后一个姹紫嫣红的春天，这粒渺小的尘埃又该回归到哪里？

人海漂泊，每一天都有那么多的邂逅与相逢，为什么偏偏擦肩的是你和我？每一天都有那么多相约的缘分，为什么日复一日等待的还是你和我？我们总是期待别人来救赎，却不知人只有自救才可以救人。我们总是在自己的沧海里，讲述别人的桑田，却不知有一天，自己的桑田恰是别人的沧海。人生这局棋，若执意要按自己的想法走下去，结果往往是满盘皆输、山河尽失。

从何时开始，我们都做了那株叫独活的植物，在属于自己的河岸遥望别人的烟火。独自荒芜地行走，卑微地坚守自己的信念，却还是根植在异乡的尘土里。流年日深，到后来甚至连自己的故乡在哪里都忘了，忘了自己从何处而来，又将行至何处。忘了自己曾经真实地存在于繁芜的世间，也拥有过最苍翠的年华，有过美丽的相逢与清澈的别离。往事就像一座古老的城墙，铺满厚厚的苔藓，可以回忆的实在不多。时光的浪涛总是将你我抛得好远，若今生有缘重逢，是否还能想起岁月残留下来的一点记忆？

　　漂泊的时候，总会想起仓央嘉措。我从来都没有期待这个柔弱的情僧，可以将我从红尘救赎，涉过人世苍茫水域，抵达莲开的彼岸。因为我知道，他和我们没有区别。自从他落入凡尘，选择爱情之后，我就知道他再也回不去了。在他深情动人的诗歌里面，我已读出他的前世今生，一个为佛而耽于红尘的人，却注定要为爱情厮守一生。他是活佛，又有谁可以为他批尽宿命，告诉他到底要选择怎样一种姿态，才可以好好地生存于这烟火人间？

　　我几乎觉得阿旺伦珠达吉为仓央嘉措写下的《秘传》，有些多此一举。尽管他的一本《秘传》延续了仓央嘉措数十年的生命，撰写了他后半生的传奇，甚至将他活佛的形象无限地放大。那带着传奇色彩的表达，虽然引人入胜，可是看完之后，心中却有无尽的空落不知该用什么来填满。因为我始终觉得，六世达赖仓央嘉措，应该高傲地活着，为情而生，为情而死。他可以无声地死去，亦可以销声匿迹，却不能卑微地放逐，颠沛在人间，无人问津地活着。

　　如果说仓央嘉措十五岁之前的那段光阴是他的前世，那么他住进布达拉宫的那段日子便是今生，而阿旺伦珠达吉的《秘传》里则为他的后世了。前世的他，只是一个默默无闻的乡村少年，没有多少欲求，悠然自在。今生的他，则拥有几种极致，从无名少年摇身变成活佛。他拥有了至高的权力，至美的爱情，亦失去了平凡人的自由。有人说，是因为他今生将美好挥霍至尽，所以才会有后世的颠沛流离。

所以宁可不要后世的仓央嘉措，只愿他永远活在二十五岁之前，虽然短暂，却活得真实而生动。我们所能记住的，永远是那个住在布达拉宫，接受众生朝拜的六世达赖，是那个游荡在拉萨城小酒馆的最美情郎，是那个写出感人诗歌的情僧。自青海湖之后，无论《秘传》写得多么神奇，给人的记忆都是那样细碎又散乱，无法刻骨铭记。

也许每个人心里都有一种怀旧情结，仿佛最初的相遇，永远都是最美的。无论老去多少年华，我们能记住的，始终是泛黄的昨天。有时候，翻开一本书，看到扉页里夹着的一枚落叶都会欣喜万分，因为叶脉上镂刻着岁月的印记，也留存着往日的温情。走过漫长的人生历程，最后怀想的，依旧是那些青葱过往。其实最初未必就是最好的，但固执的人性，会让你我总是忘不了昨天的好。

流落在民间的仓央嘉措，也曾无数次不由自主地怀念过去。尽管他告诉自己，青海湖是他人生的起点，拉萨城是他回不去的原乡，可许多个漂泊无依的日子，许多次午夜梦回，他依旧会怀念玛吉阿米那间小酒馆，会想念他美丽的琼结姑娘达娃卓玛，甚至忘不了布达拉宫那条忠实的老黄狗。但他再也写不出情诗，过往柔肠百转的情歌，如今读起来，是那么语无伦次。有些感觉，一旦失去，就再也找不回。

这些年，仓央嘉措是一个孤独的行者，饱尝心酸与无奈。但他这一路，都在济世救人，履行他自己的承诺。却从来不以真身份示人，倘若有人问起，也只假装不知。只告诉别人，自小流浪，不知道故乡在哪里，也不知道父母是何人。善良朴实的人们，从来不会多问，只当他是和他们一样浪迹江湖的过客，为了温饱，乞讨于人间。亦有明白者知道他并非凡人，但是众生万相，谁又还能顾及那许多。

1709 年，流亡了两年的仓央嘉措，从理塘经巴塘，秘密回到拉萨。拉萨，对仓央嘉措来说，就是一座宿命之城，一座今生今世都无法忘记的城。这座城，赋予了他神佛的身份，也让他邂逅了命定的女子。这座城，让他拥有了一切，也毁灭了他的一切。那一次与城中的众生和草木告别，以为这一生再无缘回来，却不想他又真实地站在拉萨城内，看人流匆匆，凡尘往来。

这座城，不会因为他的离去，而有丝毫的变更。曾以为，身为西藏政教首领的他，在一日之内沦为阶下囚，这座城将会发生天翻地覆的改变。然而当日的动乱，并不意味将来会风云变幻。也许这些信众从来没有将他忘记，但他们终究只是普通百姓，只希望守着一份岁月静好，过最平淡的生活。历来朝代更迭，换去的只是宝座上的帝王，而万里江山一如既往，何曾有半分的更换。也许这世上，谁也不要把自己看得太重。因为任何人的离去，都无法令天地动容，日月失彩，青山依然常在，绿水依旧东流。

回到拉萨城的仓央嘉措并不敢招摇过市，他隐藏起自己的身份，与哲蚌寺、色拉寺的上师相见，百感交集，欣喜万分。他们在一起闭关共修佛法，再也不是当年那位为情而夤夜潜行的浪子。如此闭关一年，出关之后，终因仓央嘉措特殊的身份，不宜在拉萨城久留。稍有差池，都可能被拉藏汗的眼线发觉，而重新带给他巨大的灾难。

这一次与拉萨城的重逢恍若隔世，只有在离别的时候，仓央嘉

措才知道自己对这座城原来是这样地眷恋。他舍不得城里的一花一木、一瓦一檐，更忘不掉今生那段不了情。再不舍也终是要别离，他独自游走在拉萨街头，因为朴素的打扮，已经没有人认得出他是当年风流倜傥的宕桑旺波。看一眼玛吉阿米的小酒馆，一间黄色的小房子，那么醒目。里面依旧宾客如云，他们还是昨日的江湖，唯独他回不去那年的沧海。

离开拉萨，仓央嘉措继续尘海漂流，四处为家。1712年，三十岁的仓央嘉措，来到了尼泊尔加德满都，在这里瞻仰自在天男根。之后，又跟随尼泊尔国王前往印度朝圣。第二年藏历四月，仓央嘉措登上了灵鹫宝山，这是当年释迦牟尼讲经之处。在这方灵山净土，潜修一日，胜过藏地一年。此时的仓央嘉措，一心向佛，对浩瀚精深的佛法亦有了深刻的了悟。离开灵鹫山，在印度的荒原上仓央嘉措还见到了印度每百年才出现的一次白象。

1714年，三十二岁的仓央嘉措，再次回到山南，在山南加查县的塔布扎仓修行，被当地人称为塔布大师。在《秘传》里，仓央嘉措彻底成了一位云游四方的得道高僧，种种奇遇，都令人匪夷所思。仿佛唯有如此，才配得起他活佛的身份，唯有如此，才可以续写他后世的传奇。

人世荣枯有定，岁月幻灭无声。也许他活着，只是为了做完前半生的梦，成全一段没有结局的故事。其他的，便什么也不是。也许他将余生的光阴，交给了佛祖，但终究还是背叛了佳人。其实上辈子的事，走过奈何桥就已彻底忘记，不明白为什么还有那么多难消的宿债，迫切地等待偿还。

相信在这世间，

必定有一个与你擦肩的人，让你深深回首

不负如来不负卿

卷六

天涯　归宿　转世　容颜　宿缘　因果

他早已脱胎换骨，似一株莲，落尽最后的花朵，寻到他最终的果。

　　相信所有的人，都曾被一首歌打动过，为其间的旋律，为某句歌词，或者没有缘由，只是单纯地感动。思念一个人，或者怀想一个人，总忍不住问自己：到底要几时才可以人海相遇？是啊，苍茫人海，我们不小心丢失了彼此，有一天彼此风雨归来，是否容颜更改？是否还能牵到彼此的手？

　　今夜偶然听到刘若英的《原来你也在这里》，因为一句歌词的巧合，让我感动不已。"在千山万水人海相遇，原来你也在这里。"关于刘若英，我知道的并不多，但是曾听人说过，她是一个感性的女子，写过许多感性的文字。后来看了乌镇的《似水年华》，被其深深地打动。只觉得她有一种洗尽铅华的美，犹如那座水乡古镇，在日落下缓慢地平静。

请允许我尘埃落定

用沉默埋葬了过去
满身风雨我从海上来
才隐居在这沙漠里

该隐瞒的事总清晰
千言万语只能无语
爱是天时地利的迷信
喔　原来你也在这里

啊　哪一个人
是不是只存在梦境里
为什么我用尽全身力气
却换来半生回忆

若不是你渴望眼睛
若不是我救赎心情
在千山万水人海相遇
喔　原来你也在这里

　　也许许多人要问，这首歌词和六世达赖仓央嘉措有关吗？是的，有关。其实世间万物都有关联，人的情感亦是相通。无非是爱恨情仇、聚散离合，除此之外，还有些什么呢？但有时候，又会觉得人和人之间，本就毫无瓜葛，你有你的前因，他有他的果报。谁也不能代替谁的人生，谁也无法改变谁的宿命。

　　仓央嘉措自青海湖神秘失踪，亦算得上是尘埃落定，用沉默埋葬了所有的过去。倘若不是出于虚幻的想象，不是因为阿旺伦珠达吉的一本《秘传》，谁又知道仓央嘉措是否还存于人间，谁又知道他到底遁迹去了哪里。或是隐居在某个杳无人烟的山林荒野，又或是开始了一段漫无目的的人生旅程。而这个名字，将永远存在我们的梦境里，从此不离不弃。

　　多少追寻者，渴望与仓央嘉措人海相遇，渴望被他救赎。却不知道，离开布达拉宫他再也不是那个至高无上的活佛，落魄江湖，他甚至连自己都无法拯救，又如何去救赎你我。《秘传》里写出了仓央嘉措放逐民间，所经历的种种颠沛流离的遭遇，却也给他安排了无数匪夷所思的传奇。他的落魄成了上苍对其的考验，在这个艰辛的历程中，他始终不忘修炼佛法，不忘济世度人。

　　我们看到的仿佛是一个全新的仓央嘉措，他早已脱胎换骨，似一株莲，落尽最后的花朵，寻到他最终的果。唯有尝尽人间烟火，才了解世情风霜，才知道众生需要什么，知道到底要怎么做，他们才能享有真正的幸福。飘摇于世间，仓央嘉措一路行走，一路停歇，一路拾捡，也一路失去。命运骤然的变迁，让他从起伏中渐渐地学会了平静，从而拥有了佛那样浩然的襟怀，拥有了佛的从容与淡定。

　　1715 年，三十三岁的仓央嘉措再次秘密返回拉萨，他究竟放不下什么？这座城，已经没有属于他的江山，没有他心爱的姑娘，可他始终对这片土地念念不忘。而那个取代了他活佛的地位住在布达拉宫的人，与他没有半点的瓜葛。六世达赖伊喜嘉措这个陌生的名字，不过是拉藏汗寻找而来的傀儡，他们之间的角色，犹如当年第巴桑结嘉措和仓央嘉措。更让人可笑的是，伊喜嘉措既然是六世达赖，那么他就是五世达赖的转世灵童？与仓央嘉措相比，他才是一个莫名其妙的假达赖。

再看一眼拉萨城，据说当年他的离去，许多暗恋他的女子将房子涂成了黄色，如今那些房屋又被重新粉饰。没有谁会为一段无望的情感而痴痴地等待，没有谁会为一个不认识自己的人而怀想一生。六世达赖仓央嘉措，只不过是拉萨城的一个失踪的传奇，该忘的终究还是要忘。唯独他的情歌依旧似缭绕的烟火，在拉萨城的上空盘桓。如果说还有什么值得令人怀念，或许也就剩下那几首情诗了。

浪迹天涯近十年，仓央嘉措觉得自己已将世情看遍，亦觉疲惫不堪。他希望找一个合适的地方停下脚步，静心坐禅，并且开始构建他理想的佛国，传扬精深的佛法，普度众生。行走的过程，确实给了仓央嘉措前所未有的历练。他深入红尘了悟菩提禅境，懂得人生缘起缘灭不可强求。所以才会抛却情爱，再不提笔，写一首让自己心痛，让看客落泪的诗。

直到有一天，仓央嘉措率拉萨木鹿寺十五位僧人，从拉萨，经过青海，抵达阿拉善时，他被这片辽阔而又宁静的土地深深吸引。人和人的邂逅在于缘分，人和风景的相遇也在于缘分，仓央嘉措第一次来到阿拉善，就明白自己与这里宿缘很深。这里山色秀美，草原辽阔，祥云萦绕，让他的心灵找到一种归宿的平静。

阿拉善盟地处内蒙古自治区最西端，远离拉萨，西藏倾轧的势力争斗与这里无关。阿拉善政治稳定，民风淳朴，幅员辽阔，就像是一块远离纷争的世外桃源。这片土地的最高统治者第二代王爷阿宝战功卓著，被康熙选为额驸，深得皇帝宠幸，更加可以确定这里比别处安宁。加之这些年，拉藏汗虽然战胜了第巴桑结嘉措，赶走了活佛仓央嘉措，但他另立的六世达赖伊喜嘉措从来不被西藏的信众肯定。失去人心的拉藏汗被各个部落联手对抗，他对阿拉善盟地区根本无暇顾及。所以，仓央嘉措在这里最为安全，不必有任何的担心和惧怕，他可以在这里安定下来，传扬佛法，为众生谋福。

三十四岁的仓央嘉措终于结束了他十年的风雨之旅，在阿拉善这个美丽的地方落脚，并且一留就是三十年。虽然其间也有多次离开，但最终还是会回到这里，阿拉善成了仓央嘉措后世的故乡。门隅，还有拉萨，都已是他的前世了。他留恋这片土地，是因为他自始至终都向往平和与安宁，而阿拉善，给了他一种可以安身立命的感觉。最后仓央嘉措在此地坐化、埋骨，至今阿拉善还流传着关于六世达赖仓央嘉措的圣迹和功德。

初到阿拉善的仓央嘉措，落脚于阿拉善旗贵族班子尔扎布家。班子尔扎布就是阿旺伦珠达吉的父亲，仓央嘉措和阿旺伦珠达吉的师徒情缘就是于此结下。那时候阿旺伦珠达吉才两岁，他自幼随仓央嘉措出家为僧，苦习佛经，后来赴西藏进修，造诣高深。之后又被仓央嘉措确定为第巴桑结嘉措的转世灵童，此间的玄妙之处，令人不得其解。

世间之事，总是离不开因果轮回。当初第巴桑结嘉措几乎掌控了仓央嘉措二十五年的人生，却料想不到他的转世灵童阿旺伦珠达吉到后来会成为仓央嘉措的首座弟子。如此错综复杂的缘分，究竟

是算孽缘还是善缘呢？也正是阿旺伦珠达吉，这位阿拉善蒙古族高僧，为其恩师仓央嘉措著了一本《仓央嘉措秘传》。给那些在迷雾中寻找仓央嘉措的人，指引了方向。然而他的书蕴含了太多的神奇，给了读者无尽的幻想，许多的故事，令人难辨真伪。

历史长河辽阔无边，深不可测，除非自己是那个亲历的人，否则谁也无法准确地讲述谁的一生。仓央嘉措在历史上真实存在过，阿旺伦珠达吉亦是如此，可是历史上同样有记载仓央嘉措二十五岁就死去。倘若他没有死，阿旺伦珠达吉的师父就真的是仓央嘉措吗？倘若他确实死在青海湖畔，那么阿旺伦珠达吉的师父又是何人？难道阿旺伦珠达吉为了写一本《秘传》，而将其师父虚构成仓央嘉措？

世事苍茫，而我们与生俱来就带着一个谜，行走于苍茫之中。多少风华传奇都散乱成烟，多少帝王将相都销声匿迹。每一座青山，每一条河流，都有无法言说的故事；每一株草木，每一块石头都有无法破解的谜底。我们还能凭借岁月遗留的细碎痕迹，找到些什么？或者说，这不断变迁的河山，又还能给我们留下些什么？

归宿

生，不过是一朵花开的时间，死，亦不过是一片叶落的刹那。

　　每个人都渴望此生能够找到一处让灵魂栖息的地方，在那里蓄养情感，安身立命。也许这里并不是故乡，看不到儿时纯朴天然的风景，但这里却胜似故乡。能够收容一个天涯旅客，就足以见得它拥有博大宽厚的落落襟怀。我们都是这世间疲于奔命的人，在纵横的阡陌荒凉行走，不知道最终根植于何处，又将回归哪里。

　　曾经的我为了一场婉兮清扬的飞雪，而耽误一场姹紫嫣红的盛宴，做了春天里唯一一个缺席的人。如今只想清淡地活着，不做冷傲的梅花，不做禅定的莲荷，不做淡雅的茉莉，只做一株平凡的小草，一粒微小的尘埃，一只无名的虫蚁。找寻一个属于自己的地方，当作梦里的桃源，简单清宁，安稳自在。

　　经历了沧海桑田、人世变迁的仓央嘉措，这么多年的漂流，让他早已厌倦。直到邂逅了内蒙古阿拉善，这片拥有草原、戈壁与荒漠的土地。对于许多人来说，这片土地太过平庸，并无多少绮丽风光。可仓央嘉措对这里却有一见倾心之感，因为阿拉善给了他安全的感觉，这里朴实的民风，让他有一种梦回故里之感。十年红尘游历，仓央嘉措并不是单纯地赏阅各地风土人情，他是在流亡，迫于拉藏汗的势力，仓央嘉措过的是东躲西藏的日子。所以这十年饱尝艰辛，虽然救赎了许多百姓，但自身未曾有过真正的安稳。

阿拉善从此就是仓央嘉措的第二故乡。他的名字曾经在拉萨城风云激荡，西藏的人们日夜传唱他的情歌。而在阿拉善，人们传诵着这位草原守护神的种种事迹，生生不息。在阿旺伦珠达吉的《秘传》中，记载了许多仓央嘉措的灵异神迹，仿佛他真的是一个降落在人间的活佛，有无尽的神通和法力，而他所有的使命，都是为了弘扬佛法，造福生灵，普度众生。让人们相信，在阿拉善草原，真的有这样一个神奇的人物，一个悲悯的活佛。

有的时候很难相信，就因为青海湖的逃遁，令百味皆尝后的仓央嘉措，就彻底变成了另外一个人？一个不再风花雪月抒写情诗，而心念苍生的佛？曾经坐在高高的佛床上，只想放逐天涯，为一段情爱，可以不要那些匍匐于脚下的信众。如今流亡于民间，却只顾念百姓，只想为他们打开心门，免去世海轮回。或许生命的历程，真的会将一个人彻底改变，熟悉的人，会变得陌生；罪恶的人，会变得良善；自私的人，会变得无私。

生，不过是一朵花开的时间，死，亦不过是一片叶落的刹那。有些人愿意仓央嘉措像落红一样绚烂地死去，在青海湖就结束他一生的传奇。有些人却愿意他像草木一样坚韧地活着，在人世漂泊，为了他禅佛的信念。人间草木，匆匆即是一生，可我们总是希望完美，未了的情缘可以了却，未完成的夙愿可以圆满。一本《秘传》圆了多少人的梦，又粉碎了多少人最初的完美？

自从仓央嘉措来到阿拉善，在这里发生的许多灵异事迹，已被人争相传诵。而阿拉善的最高统治者阿宝王爷，亦耳闻了许多关于他的传奇。遂命阿拉善有身份的长者，去恭请他到来。并亲自率领官员和信众在王宫迎候，隆重接待这位圣僧。仓央嘉措一直未肯对任何人透露自己的身份，而他这些年行走于民间亦装扮着不同的角色。在阿拉善，他也只是一位佛学造诣高深的僧者，没有谁知道他从何处而来，也无人计较他的过去。

这位阿宝王爷，亦是一位豁达明朗之人，对藏传佛教亦有虔诚之心，他与达赖渊源颇深。因为几年后，他受清廷委派，去往西康藏区理塘，护送理塘格桑嘉措到拉萨举行坐床典礼，这位格桑嘉措正是民间认定的六世达赖的转世灵童，即七世达赖喇嘛。

阿宝王爷与仓央嘉措相逢于阿拉善，亦是他与佛的缘分。他们一见如故，相谈甚欢。阿宝王爷被仓央嘉措非凡的气度吸引，亦为他眉宇间流露出的悲悯和从容折服。便恳请他担任阿拉善的上师，今生留驻于此，造福众生。而仓央嘉措早已对这片土地有了感情，他已认定阿拉善将是他此生的归宿。所以答应了阿宝王爷的邀请，与此处结下佛缘，为这里的众生谋求福报。

1717 年，三十五岁的仓央嘉措因了阿宝王爷的眷顾，在阿拉善更加声名远播。而他也尽自己的法力，护佑这片土地的一切生灵。这一年，拉藏汗被准噶尔军队所杀，拉藏汗所立的六世达赖伊喜嘉措被囚于药王山，这位无辜的假达赖在七年后默默死去。西藏民间依旧在谈论六世达赖仓央嘉措的失踪之谜，并纷纷呼应六世达赖转世灵童格桑嘉措为新达赖。

这些年，仓央嘉措化名为阿旺曲扎嘉措，游历印度及国内的西藏、四川等地。此时的阿宝王爷，对这个化名为阿旺曲扎嘉措的圣僧身份有所猜忌。他甚至觉得其身份就是那位遁迹于青海湖的六世达赖仓央嘉措。但仓央嘉措始终是大清朝的钦犯，所以不宜说破，阿宝王爷只信奉他为阿拉善的上师，此后对他更为爱戴和关照。

而阿宝王爷的王妃道格欣郡主，看着阿宝王爷及阿拉善的百姓如此信奉仓央嘉措，则有些不以为然。阿宝王妃是清王朝第一位下嫁给阿拉善的和硕格格，自小深受恩宠，娇生惯养。她在京城亦听过不少江湖高人的传奇故事，所以对这位游方而来的僧人，并不在意。后来经过几次接触，她亦被仓央嘉措超凡的气度和法力深深折服，甚至以虔诚的弟子自居，决意一生追随这位传奇的上师。

据说阿宝王妃还用自己的发丝为仓央嘉措制作了一只顶髻，镶上各种珍宝，精美至极。至今在内蒙古的广宗寺，还完好地收藏了阿宝王妃用青丝结成的顶髻和部分衣饰，那些虔诚的信众借此来怀想当年仓央嘉措真的在阿拉善留下了足迹，并与阿宝王爷和王妃结下宿缘。后人在仓央嘉措的遗物中，还发现了女人的青丝，更是证实了这位年轻活佛的风流多情。传说凄美，在西藏，在阿拉善草原，因为有了这些传说，而显得更加神秘，令人向往。

这一年仲秋，适逢阿宝王妃道格欣郡主回京觐见，遂邀请仓央嘉措同行。于是，仓央嘉措带上几名弟子，随道格欣郡主入京半年，驻锡什刹海阿拉善王府。游黄寺、皇宫，在雍和宫观伊喜嘉措所献的檀香木大佛。阿宝王妃对这位上师照顾周到，恭敬有加，令王府上下，都对这位身份特殊的僧人十分拥戴。仓央嘉措是活佛，在他的身上，必定有一种不同于常人的气质，他俊秀的面容，悲悯的佛性，令人无从抵抗。

在德胜门，仓央嘉措亲眼看到第巴桑结嘉措的子女及家人被押送进京的情景。曾经风云不尽的第巴桑结嘉措，掌控了西藏数十载的政局，人头落地之后，昨日的华贵，没入烟尘。死者已矣，生者何辜，但他们仍旧要为往昔的过错，接受严厉的惩罚。可他们真的错了吗？成王败寇，千古定数，任谁亦无从改变。看着一张张扑满风尘的面容，想着种种前因过往，仓央嘉措感慨万千。

十年风雨不由人，今日他乡遇故知，竟是这般场景。无论曾经第巴桑结嘉措对仓央嘉措有过怎样的伤害，但毕竟由始至终，他是他在布达拉宫最亲密的人。也只有桑结嘉措，真正地维护过他，并且教过他禅学经典，令他受益终生。如今仓央嘉措看着桑结嘉措的家人沦落至此，却无能为力，除了叹息，他还能做什么？

谁说活佛生来就赋有了神的力量，可以叱咤风云，能够度化苍生。在这苍茫的人间，有时候佛也禁不起一点风浪，因为因果定律，天意难违。心痛难当之时，佛亦会落泪。

我们因为相信了这些美好，心中才会蕴藏许多柔情。相信在这世间，必定有一个与你擦肩的人，让你深深回首。

都说一个有性灵的人，也许会在梦里，或者一些意象里，知道自己的前生以及来世。梦本身就是一个虚幻，但许多人却愿意耽于梦中，做着美丽绝伦的想象，以慰现实的苦闷。汤显祖的《临川四梦》，至今仍被人痴迷，是因为一切故事，都在梦里发生。梦里有许多妙处，难以与君言说。在梦里，可以不管韶光是否如云烟过隙，不管流年是否如滔滔春水一去不回。

每个人，都会在不知不觉中种下前因，只是自己却未必知道。若信因果轮回，世间一切生灵都有前世今生。今生为草木，来世可能投胎为人；今生是人，来生亦可能成为草木。化蝶的传说真的很美，狐仙的故事亦耐人寻味，我们因为相信了这些美好，心中才会蕴藏许多柔情。相信在这世间，必定有一个与你擦肩的人，让你深深回首。

我们都是红尘过客，也曾知晓因果，却无法顿悟其中的玄机。

今生若受尽苦难，权当是消却前世的孽债，今生若顺畅平坦，只当作所得的福报。没有谁可以翻看自己的前世，亦没有人可以知晓自己的来生，所有的猜测，皆似是而非。有时候听信一个称骨相面的江湖术士，说着那些看似玄妙，实则寻常的话语。

所以对于西藏历代达赖喇嘛的转世，会生出好奇之心，总会忍不住询问：到底是如何找到转世灵童的？难道人死了真的会有转世？就算有转世，难道这曲折过程就不会出现差错？关于如何寻找转世灵童与确认转世灵童，之前有过交代，但还是有太多无法诠释的玄妙，令人百思不得其解。预言可信吗？高僧卜卦可信吗？圣湖的水可信吗？还有那些神奇的天象可信吗？如若世间种种不可信，又为何还会有那么多信众匍匐于佛的脚下，祈求度化与超脱。

> 白羽的仙鹤
> 你的双翅借给我吧
> 我不飞往远处
> 只到理塘就要折回的

这首诗，是当年仓央嘉措离开拉萨被押送至京的途中写下的。当初许多人不解其意，以为仓央嘉措在理塘留下了什么宿缘，所以愿借仙鹤的羽翼，飞往那里，找寻他要找的人，了结他要了的事。直到后来，仓央嘉措于青海湖神秘失踪，不知去向。于是，甘丹寺、哲蚌寺、色拉寺的僧人，凭借他这首诗，领悟出其间的奥妙，在一个叫作理塘的地方，找到格桑嘉措，尊其为七世达赖喇嘛。

1708年，藏历土鼠年七月十九日，格桑嘉措生在多康下部理塘。关于他出生时的一些传奇，或当时出现过什么异样天象，已无从知晓。但是作为一个转世灵童，必定有其不同寻常之处。格桑嘉措出生时，仓央嘉措已在青海湖失踪近两年，而拉藏汗所扶持的伊喜嘉措也已在布达拉宫坐床一年。这位六世达赖伊喜嘉措重复上演了当年仓央嘉措的角色，做了拉藏汗的棋子，任由其摆布。

伊喜嘉措尽管得到大清康熙皇帝的承认，颁授了金印，下诏册封为六世达赖喇嘛，但是从未得到过任何僧侣的认同，亦没有得到西藏信众真正的敬仰。而独揽政治大权的拉藏汗亦从来没有真正得到过人心，甘丹寺、哲蚌寺、色拉寺的高僧对拉藏汗擅自决定达赖喇嘛废立的做法甚为不满。其余的僧众亦从未停止过对仓央嘉措转世灵童的寻找，后来在仓央嘉措留下的情诗里，他们找到了活佛的方向，就是仙鹤要飞去的地方——理塘。

三大寺的高僧坚信六世达赖喇嘛仓央嘉措的诗隐藏了玄机，是为了暗示他们，他转世灵童的所在地。于是他们组织了许多僧众抵达理塘，并找到了这个叫作格桑嘉措的孩子，又通过多方面的勘验认证，确定他就是六世达赖的转世灵童。他们上书给大清皇帝，极力要求废除拉藏汗所立的假达赖，而重新认可格桑嘉措为六世达赖转世灵童的身份。

那时候的西藏局势依旧风雨飘摇，拉藏汗虽然战胜了第巴桑结嘉措，赶走了活佛仓央嘉措，但他的做法不为人认可。许多部落对其虎视眈眈，他西藏首领的位置也是摇摇欲坠。由于几次动乱，康熙帝亦不敢随意轻举妄动，他对伊喜嘉措不废，对转世灵童格桑嘉措的身份做出中立的态度。但他对这个孩子有了特别的关照，将他转移到了青海和硕特部势力范围之内，并送他到塔尔寺剃度学经。

直到 1717 年，拉藏汗被准噶尔军队所杀，伊喜嘉措被囚，他的活佛身份也自然被西藏信众给推翻。1719 年，清朝皇帝平定了准噶尔叛乱，才正式承认格桑嘉措转世灵童身份。康熙第十四子和几位大臣，以及三千名士兵簇拥，从西宁来塔尔寺，部署汉蒙大军，做好了迎请转世灵童的一切准备。次年，皇子带来了清康熙诚赐达赖喇嘛的金印、金册，并在布达拉宫为格桑嘉措举行了隆重的坐床大典。

格桑嘉措虽然是作为仓央嘉措的转世灵童，格鲁派的僧众认为他是七世达赖，但清朝政府却坚持格桑嘉措为六世达赖，认为格桑嘉措是接替而不是继承已被废黜的六世达赖的法位，不能认作七世达赖。后来因为藏族人民始终认为格桑嘉措为七世达赖，直至乾隆年间，乾隆帝封强白嘉措为八世达赖时，才意味着默认格桑嘉措为七世达赖，而仓央嘉措也就顺理成章地为六世达赖。

格桑嘉措在布达拉宫举行坐床典礼的那天，拉萨城十万信徒匍匐在这座红山的脚下，诵念佛经，以最虔诚的仪式表达他们对七世达赖喇嘛的追随。告诉巍峨的青山、滔滔的河流，他们永世不变的信仰。此次坐床典礼，丝毫不减当年仓央嘉措坐床时的风华。历史不过是将一幕幕戏剧重演，而更换的只是这些匆匆而过的角色，有一天，我们都会无牵无挂地消失，成为过去，成为历史。

清廷颁给格桑嘉措的金印上刻的是"弘法觉众第六世达赖喇嘛之印"。如果格桑嘉措是六世达赖仓央嘉措的转世灵童，那么他理

在最深的
红尘里重逢

所当然应属七世达赖喇嘛。如果格桑嘉措不是仓央嘉措的转世灵童，那他又以何种身份存在？如果当年仓央嘉措真的病逝在青海湖，那么格桑嘉措或许真的是他诗中所指示的转世灵童，可倘若如《秘传》所说，他并未死去，而是漂泊江湖，最后隐藏在阿拉善，那么又何来仓央嘉措的转世灵童之说？

如此错综复杂、玄妙重重的历史，实在是纠结万分。关于仓央嘉措的何去何从，关于格桑嘉措的来由，没有谁可以给出确定的答案。历史本身就是一个光怪陆离的舞台，多少人不明不白地存在，又不明不白地离开，从来都没有真正把握过自己的人生。格桑嘉措自己都不明白，到底以何种身份在布达拉宫的佛床上，一坐几十年。对于自己的身份之谜，他不问，也无从可问。只好相信自己真的是六世达赖仓央嘉措的转世灵童，相信是他诗中预言的那个活佛。因为，理塘是他的故乡。

格桑嘉措自 1720 年 9 月 15 日，在布达拉宫举行了坐床典礼，拜五世班禅罗桑益西为师，受了沙弥戒。然后，入哲蚌寺学经。1727 年，格桑嘉措二十岁，又从五世班禅受比丘戒。亲政之后，格桑嘉措把精力放在宗教事务上，弘扬佛法，造福众生。他一生谦逊俭朴，深得西藏民众爱戴。

西藏藏传佛教史上，出现了三位六世达赖喇嘛。这一切，缘起六世达赖仓央嘉措，是他演绎了传奇，又将传奇延续。然而这三位达赖，也只是布达拉宫这座舞台上的青衣，无可奈何地演着别人的戏，又何曾拥有过真实的自己。仓央嘉措尽管仍被后世追溯怀念，可他的一生终究是一场无法破解的谜。伊喜嘉措更为可悲，居住在布达拉宫十一年，到如今连他的一根发丝都找不到。

　　在无从解释的疑惑面前，我们到底该相信什么，又不该相信什么？或许我们应该像白云清风一样悠闲自在，不惊不扰。像那些虔诚的藏民一样，相信神佛的存在，相信每一片白云，每一只藏羚羊，都有无可言说的灵性。这样就无须探寻那些难解的谜底，无须知晓三百年前的真相。就让谜永远是谜，让昨天永远是过去，让故事永远只是故事。善良的你我，只在尘世的一隅，沉静安宁，便好。

容颜

一个清醒的人，透彻的人，他的身上会不经意地流露出超凡脱俗的气度，高贵而优雅，深邃而平宁。

众生万相，说的不只是众生的容颜，还有众生的心性与情怀。的确，这世上的人没有相同的容颜，也没有相同的性情。纵有巧合，也只是相似和近似，每个人都有别人不可替代的地方。而一个人的性情与涵养，则可以决定其容颜的美丑。人其实没有美丑之分，一个善良平和的人，让我们看到的则是慈祥的面相；一个凶恶浮躁的人，让我们看到的则是冷硬的面相。

所谓腹有诗书气自华，说的亦是如此。腹有诗书，气质自然沉静优雅；心存草莽，便只是凌乱的荒原。一个人的喜怒哀乐、爱恨情仇，就算不表达出来，也会通过心性流露于脸上。那些经历过世事风浪的人，他的脸上，存留的是沧桑。而对于生活安宁的人，他的脸上呈现的是平静与舒缓。我们都知道，时光是刀，随着年龄的增长，会在曾经俊秀的面容上，一刀一刀地刻下痕迹。看着年华老去，又无力挽回的时候，就只能怪岁月无情。有时候，连自己都分辨不出，到底是岁月无情，还是人无情。岁月依旧长青，是你将它蹉跎。

　　"佛说万事有因果，魔说一切皆在我。众生万相皆无相，成佛成魔皆是我。"在佛的眼里，万事皆有因果，今日的种种，则因了昨日的一切，今日的一切，又将印证将来。而魔说一切皆因了自我，与天争，与命运相争，可也只是从这棋局，跳进那棋局，又何曾有过真正的解脱。众生万相，亦无相，我还是那个我，你还是那个你，只是昨日流光如今日，今日容颜已改。

　　自从格桑嘉措在布达拉宫举行坐床典礼之后，西藏的政局渐次趋于稳定。这位年轻的活佛，每日研习经文，并无多少红尘杂念。亲政之后，只想弘扬佛法，没有争夺权力之心。西藏地方的政事，主要由清朝驻藏大臣掌管。那场争夺了数十年的战争，在如流的岁月中渐渐平息。善良的人们也淡忘了当年第巴桑结嘉措与拉藏汗那场血腥之战，忘记了桑结嘉措和拉藏汗的死。但他们从来没有忘记六世达赖仓央嘉措，因为他流传下来的情诗，一直在拉萨城乃至整个青藏高原的上空久久回荡。

　　因为忘不了仓央嘉措的情诗，所以也忘不了这个活佛，忘不了他过往的种种，亦忘不了他在青海湖的失踪之谜。也许在那些信众里，有许多至死爱戴仓央嘉措的人，他们会苦苦追寻他的下落。但我相信，更多的人会懂得随缘，宁愿守着自己的家园，为他祈祷，亦不愿去惊扰他的前生今世。他们既然相信了格桑嘉措是仓央嘉措的转世灵童，那么他们就该诚心拥戴新的活佛，以此来证实他们不变的信仰。

　　寄身于阿拉善草原的仓央嘉措，自从拉藏汗死后，他的噩梦也结束了。格桑嘉措被确立为新达赖后，仓央嘉措更是如释重负，唯有局势安定，他才能安定。关于他的下落，清康熙帝也不再追究。既然立了格桑嘉措为六世达赖，就意味着仓央嘉措已死去，或者说仓央嘉措早已被他废黜，加上第巴桑结嘉措和拉藏汗相继死去，就再也无暇顾及仓央嘉措在青海湖的失踪之谜了。如今生活在阿拉善的仓央嘉措自由自在，再无须担忧会被人察觉到他的来历，而给这片安静的土地，带来不必要的纷争。

这些年，仓央嘉措大部分时光都给了阿拉善，给了阿拉善的众生。他慈悲度人，弘扬佛法，是阿拉善人信奉敬爱的上师。阿拉善草原，流传了太多仓央嘉措美丽而神奇的故事，他就是一个有着神通和法力的佛，为众生打开般若之门，通往菩提的圣境。所以，那些信仰佛教的人，更加深信上师高深的佛学造诣，也理所当然地成了他坚定不移的信徒。仓央嘉措在阿拉善的魅力，丝毫不逊色于他在布达拉宫时。他们信他，一如佛祖。

所有一切，皆来自阿旺伦珠达吉的《秘传》，这位自称是仓央嘉措的高徒，为其师父写下了种种传奇事迹。他那么信誓旦旦地诉说，有些看客深信不疑，有些读者亦觉玄乎。只是我们早已失去历史的见证者，那些亲历过的人，早已死去，湮没在历史的长河里。太多的秘密沉埋在泥土中，这世上没有一把万能的钥匙，可以解开所有的历史之谜。如今我们也不能凭借一些打捞而来的碎片，去拼凑昨日的完整。故事原本就是这样，信则有，不信则无，一切在于人心。

是的，今日容颜已改。阿旺伦珠达吉的《秘传》里，关于仓央嘉措的样貌描述，甚为让人惊喜。说他即使到了六十多岁，依然容颜俊美，光彩夺人。就算他衣衫褴褛混迹于闹市的乞丐中，亦可以被辨认出来。而这些不仅因为他俊雅风流的容貌，还因了他身体能够散发奇香，那种香味有如供佛的香料一样，令人舒心沉静。如此描写，是出于阿旺伦珠达吉对师父的崇拜和依恋，也是那些虔诚信徒对仓央嘉措的痴迷。

世上最长寿者有彭祖，据说活到八百八十岁，他少好恬静，不恤世务，不营名誉，不饰车服，唯以养生活身为事。究竟是他懂得养生，还是他根本就是仙人，又或者是阎王丢了他的生死簿？总之书上记载他活到八百多岁，依旧红光满面，精神焕发。想来彭祖一定是个豁达明朗之人，才会有如此仙风道骨的气韵，岁月早已斑驳，而他只老去那么一点容颜。

世上容貌俊美的男子，莫过于潘安。书中有记载："岳美姿仪……少时常挟弹出洛阳道，妇人遇之者，皆连手萦绕，投之以果，遂满车而归。"他的美，惊艳倾城，许多韶华正好的女子站在他面前，都要逊色。相信这样一位风流倜傥的俊雅男子，纵算活到白发苍苍，依旧会容貌清朗。

我们应当相信仓央嘉措的晚年，依旧容颜俊美，面若春风，目含秋水。所谓仙风道骨，就是说一个人的气韵，无论经历过多少变迁，依旧可以做到从容淡定，沉静平和。一个清醒的人，透彻的人，他的身上会不经意地流露出超凡脱俗的气度，高贵而优雅，深邃而平宁。

所以无论仓央嘉措自青海湖失踪之后，在江湖流浪多少年，经受了多少雨雪风霜，但以他的佛学修为，及内心的素养，他的容颜不会过早地苍老，反而会随着他的修为加深，更加清澈明净。因为他的心，善良慈悲，通透豁达，日久年深，那些遮不住的光芒会流露到容貌和气质中来。那时候的他，无论是内心，还是外在，都应该是纯净美好的。

我相信那些有信仰的人，内心慈悲善良的人，无论他的容颜是否姣好，但他们的骨子里，都会透露出一种洗尽铅华的静美。那种美，让所有与之相处的人，都能安定而平静。慈悲是一种力量，可以拯救许多沉沦在罪恶中的人，同样也会感染许多在尘世中迷惘的人。倘若每个人都在心中，种植一朵莲，那么也就是把慈悲一起种下。你只需用阳光和雨露将之浇灌，用善良和温情将其滋养，就会绽放出洁净的花朵。

"一念成佛，一念成魔，善恶之间，宿世因果。看佛祖拈花微笑，只叹世人浊眼识物，听佛祖大乘佛法，只求世人心静无波。"人生有太多选择，而我们应该坚持自己的信念与追求，成佛成魔，只在一念之间。看佛祖拈花微笑，心静无波时，又何须惧怕如刀的岁月，将容颜无情雕刻？

宿缘

是梦，就该醒来，是爱，就该延续。缘起缘灭，看似久长，回首也只是匆匆。

缘是什么？缘是十字路口的相逢，是红尘陌上的牵手；缘是万朵春花一齐绽放，是两枚秋叶一起下落；缘是山和水的对话，是日与月的交集。在茫茫人海中相遇相识就是缘，在烟尘中流散却没有忘记就是缘。相遇，是一种幸福的劫难，也是一种错误的美丽。相忘，是一段迷惘的开始，也是一段清澈的结局。

我们总会说，信缘惜缘，不要轻易伤害身边的人，不要让美好成过往。可还是会频繁地听到一些声音在叹："人生若只如初见，何事秋风悲画扇？等闲变却故人心，却道故人心易变。"人心是善变的，任何时候，都不能确保那份美好的感觉可以依旧清新，不会老去。所以有些人，宁可长长地别离，而不要永久地相处。唯有别离，可以让人始终记住曾经有过的美好，相处的时间久了，则会看到彼此许多缺陷，而忽略了初见时的那份心动。

我以为，人与人之间，应该淡然相处，细水长流才能让缘分维持得久远。太过浓烈，总是会生出大悲大喜，而让缘分在短暂的时光里就终止。如若每个人都安静地存在，不争艳、不夺色、不求名、不为利，沉静而善良，这世上，是否就不会有纷扰，不会有争斗？而人们可以安宁度日，静守流年里简约的幸福。

仓央嘉措与阿旺伦珠达吉的相识就是缘，倘若仓央嘉措不是爱上了阿拉善草原的宁静，他与阿旺伦珠达吉此生必定会是擦肩。仓央嘉措初到阿拉善的时候，阿旺伦珠达吉才两岁，还在襁褓之中，尚不知人事。仓央嘉措将他抱在怀里，不知道自己将来会与他结下深刻的师徒之缘，亦不知道这位孩童竟然会是第巴桑结嘉措的转世灵童，更不知道他会为他写下一本离奇的《秘传》，诠释他如莲的一生。

这些前因在何时种下，仓央嘉措也不知道。当他第一次来到内蒙古阿拉善的时候，就知道自己与这里有很深的宿缘，所以他会停止漂泊，于此地安身，邂逅了阿宝王爷和王妃，收下高徒阿旺伦珠达吉，以及福佑这里的一切生灵。来的时候，仓央嘉措只知道，这里会是他人生的第二个故乡，但从没有想过，自己有一天会跟落叶一样，安静地死在这里。

格桑嘉措在布达拉宫坐床之后，仓央嘉措在阿拉善过得自在安宁，他在此处弘扬佛法，普度众生。而仓央嘉措的首座弟子阿旺伦珠达吉，亦是他一手栽培。他曾自筹一万两纹银，派阿旺伦珠达吉去藏区随班禅学经。当阿旺伦珠达吉修业返回阿拉善后，即被仓央嘉措确认为第巴桑结嘉措的转世灵童，由此他成为在阿拉善出生的第一个转世活佛。阿旺伦珠达吉的种种成就，皆源自恩师仓央嘉措。

所以他著作的《秘传》，对仓央嘉措的种种事迹，到了近乎痴迷的境地。

在此期间，仓央嘉措自阿拉善迁青海，居九年。直到1745年，他才从青海返回阿拉善。10月，仓央嘉措染病，次年5月8日，六世达赖仓央嘉措在阿拉善旗承庆寺坐化，年六十四岁。1747年，六世肉身被移到昭化寺高尔拉木湖水边立塔供奉。阿旺伦珠达吉选定阿拉善旗国公之子为六世达赖的转世灵童，并亲任经师讲授教法，七世达赖八岁时，阿旺伦珠达吉在昭化寺为其主持了坐床仪式，取法名图登嘉措，这就是阿拉善知名的温都尔噶根。

只简短一段文字，就这么了结了仓央嘉措后十年的命数，直接判定了他的死亡。那是因为他所有的传奇都被前生过尽，之后的岁月安然自若，没有风波，没有起伏，任何的描写都是纠缠，都成了累赘。有时候，甚至觉得他二十五岁之后的故事都是多余。倘若那一年仓央嘉措在青海湖就彻底消失，再没有后来这段漫长的漂泊与羁旅，是否他的人生会更加迷离与凄美？

我甚至很难想象，二十五岁至六十四岁，这数十年的岁月，一个情僧拿什么可以做到，再也不纠缠昨日情缘？难道他自己写的情诗都忘了吗？难道他对青梅竹马的姑娘许下的承诺都忘了吗？难道他对琼结姑娘说过的海誓山盟都忘了吗？是谁写下，那一年，我磕头匍匐在山路，不为觐见，只为贴着你的温暖。又是谁感叹，那一世，我转山转水转佛塔啊，不为修来生，只为途中与你相见。

那么多情深义重的诗句，他都忘了吗？他怎么可以忘？除非他真的死了，除非阿旺伦珠达吉笔下的仓央嘉措根本就是假的，是一

196

在最深的
红尘里重逢

个模糊的替身。但我们应当相信，这不会是一个虚拟的人物，因为他的文中尽管充满了太多神奇的玄幻，但亦给予我们真实和慰藉。倘若没有这本《秘传》，或许仓央嘉措的人生真的在二十五岁就散场，落下帷幕之后，又将会上演一场怎样的故事？

是梦，就该醒来，是爱，就该延续。缘起缘灭，看似久长，回首也只是匆匆。二十五岁的仓央没有死去，六十四岁的他终究还是死了。他虽是活佛，有着不会老去的容颜，寿命却有限。仓央嘉措没能像彭祖一样活到垂垂老矣，那是他的存在与否，已经不那么重要了。这么年的修炼，让他早已了尽一切宿债孽缘，得以颖悟超脱，达到涅槃的境界。

仓央嘉措不是死了，而是坐化了。坐化是修行有素的人端坐安然而命终。佛说万物因缘而生，因缘而灭，身体形骸皆为梦幻泡影，逝去的人是不需要将其存留在世间的。他的灵魂得到超脱，肉身的存在已经毫无意义，执着于人间，反而成了负累。佛家修炼的至高境界就是坐化涅槃，肉身为枯槁之时并不可怕，其灵魂早已远离沧浪世海，无喜无悲，无爱无恨，无生无死。

在阿拉善，有一座广为人知的寺庙，叫作南寺，又称广宗寺。这座寺规模并不宏大，但声望却居于阿拉善八大寺之首。据说当年六世达赖喇嘛仓央嘉措的肉身灵塔被安放于此，直到"文革"时广宗寺被毁，寺僧和信徒才悄悄将灵塔内的活佛肉身盗出来焚化，并将仓央嘉措的骨骸和舍利子保存了下来，又建造了一座黄塔——六世达赖喇嘛荼毗塔，用来安放他的骨灰。

1757 年，仓央嘉措的弟子阿旺伦珠达吉完成《秘传》。而七世达赖格桑嘉措在布达拉宫圆寂，结束了其玄妙却又庸常的一生。同年，贺兰山中广宗寺建成，仓央嘉措被尊为上师。寺里供奉六世达赖肉身塔，直至 1966 年尚存。

"一尘土，万千骨，由来相思催人苦。玲珑心，寒冰铸，只为淡漠无情物。可怜岁月，美梦虚度，无尽沧桑无尽路，梦醒来时人何处？"偶然读到这首词，感觉心灵有所触动。但不知是何人所写，只觉得写此词的人，应该是个现代人。字句并不是很美丽，但是词境将我无由地吸引。如果这首词用于别的高僧，自是不合意境，可用于一代情僧仓央嘉措，似乎熨帖了心灵。虽说高僧的死，是涅槃，是超脱。但我总觉得，仓央嘉措的离去，有一种难以言说的凄美和一种无以复加的遗憾。

人说仓央嘉措多情、多善，没有太多悲戚的味道，这首词境并不适合他，更何况是沧海桑田之后的他，涅槃飞度的他。只是生命原本就如同尘土，走过漫长的旅程，谁人可以不沧桑？谁又能够不梦醒？不是岁月无情，也不是你我虚度，缘来缘去，死生与共，莫过如此。

是聚终要散场，是戏终要落幕。开始是前因，结束是果报。相遇是轮回，相忘是圆满。爱恨随缘，得失一笑，人生这场局，只有自己才能把握，也只能自己去把握。

因果

你呼吸的时候它在空气中，你做梦的时候它在梦里，你流泪的时候它在泪水里。

大爱无言。佛教人放下，让人懂得悲悯，学会宽容。在长满莲荷的池中放生，相信今生所求之愿，一定会得以圆满。在佛前点亮一盏酥油灯，相信今生走失迷途，亦可以重新找到出路。在求佛的路上转动经筒，相信起伏跌宕的命运，从此会云淡风轻。

"我未生时谁是我，生我之时我是谁。"每个生存于世间的人，都时常会发出这样迷惘的感叹。不知道自己是谁，又不知道谁是我。有时候行走在路上，总觉得有些擦肩而过的人似曾相识，却又可以确定今生从未曾见过。难道前世在忘川河畔有过相逢？又或是奈何桥上，也曾擦肩？

许多人对于那个美丽的神话传说，都有着宿命般的眷念。就像三生石，这石头上写下了自己的前世今生，曾经的你我，立于三生石畔，将轮回看得真真切切。以为这样就可以记住一切，不再犯相同的错，不再辜负不该辜负的人。谁知匆匆过了奈何桥，还是要喝下那碗用自己今生眼泪熬成的孟婆汤。孟婆汤是忘情水，喝下之后，便将一切都忘记，从此以干净的灵魂进入轮回。

所以许多达赖喇嘛在死去之前预测其转世灵童的下落，是因为他还未死去，还没有走过忘川河，没有喝下忘情水。倘若喝下，今生一切便真的成了云烟过眼，一笔勾销了。那些被选定为转世活佛的人，并不知道自己的前世，他们是因为别的预言和种种推断，才为前世的灵魂，承担今生的责任。但我们应该相信，佛是圆满的，不会惩罚任何人，不会无缘由地纠缠任何人。所以历代达赖喇嘛，无论经受过怎样的波折，都不会有任何的怪怨。因为今生的一切，缘于前世，无论今生是福是祸，我们都要以一颗悲悯而寻常的心去对待、去消解。

仓央嘉措的一生太过迷离，生得迷离，死得迷离，青海湖失踪之后更加迷离。就连他的转世灵童，亦让人难以辨别。仓央嘉措到底是不是五世达赖的转世灵童？倘若不是，那万千的人，又为何偏偏将他寻找？可既是五世达赖转世灵童，又为何会有那样百结的柔肠，为何偏偏是他卷入纷乱的政局中，做了多年的傀儡，最后还遭遇废黜的命运？害得在押解至京的途中，将自己弄得下落不明。青海湖，因为文成公主而美丽，因为仓央嘉措而耐人寻味。

仓央嘉措被人误会为假达赖，但西藏十万信众敬爱他，始终认定他就是六世达赖喇嘛，不曾更改。哪怕他犯下了不可弥补的错，坐在高高的佛座上，却贪恋世间男女之情。游荡在拉萨城的小酒馆，摇身一变，成了许多姑娘梦里风流倜傥的情郎。多少人被他的情诗迷得神魂颠倒，而忘记了他是佛，是一个注定不能拥有爱情的活佛。

他的使命就是住在布达拉宫，弘扬佛法，度化众生，除此别无其他。

可仓央嘉措不甘于做一只金丝雀，所以在寂夜里，他会逃出宫殿，来到民间。为了自由，为了爱情，他终究付出了沉重的代价。他在酥油灯下写的情诗，感染了青藏高原无数民众，乃至三百年后，散落在天南地北的你我，依旧为之热泪盈眶。那些美丽动人的诗歌无处不在，尤其到了西藏，仓央嘉措的情歌就像无声的音符，幻化在清风明月中，游走在草木乱石里，你呼吸的时候它在空气中，你做梦的时候它在梦里，你流泪的时候它在泪水里。

至今为止，我们还是不能认定仓央嘉措在青海湖到底是病逝，还是失踪。他人生到底该用怎样的结局才算是圆满，或者说人生原本就没有圆满，又或者说任何一种结局对他来说都是圆满。我们无须去计较太多，或者说纠缠太多，就像当年，不必管他是布达拉宫的仓央嘉措，还是拉萨街头的宕桑旺波，他就是他，多情又善良的他。他是二十五岁时终结了自己的一生，还是经历了阿旺伦珠达吉的《秘传》里种种传奇之后才坐化，已经不重要了。因为历史沉没无声，我们早已找不出一个确定的答案，任何的追问，都是徒劳。

又比如，仓央嘉措的转世灵童到底是谁？是他诗中预言的那个理塘的格桑嘉措吗？如果二十五岁在青海湖死去，或许转世灵童真的是他。倘若六十四岁死去，则又有可能是阿旺伦珠达吉选定的温都尔噶根。又或者谁也不是，一代情僧六世达赖喇嘛的转世灵童也许只是一个默默无名的小人物，又或者逗留在忘川河畔，做了一株彼岸花，忘记了轮回。

世事千变万化，难以琢磨，更何况是一个人生书册上写满传奇的活佛，他所历经的沧海桑田，是我们用一生的时光都无法追赶的。平凡之人，自有平凡的命数。其实在这世上，我们都是一些过河的人，从人生此岸，抵达人生彼岸。有些人早早就登上了客船，从此得以超脱。有些人迟到，拽紧一张过期的船票，不知所以。还有些人，在途中不慎失水，再也没有上岸的机会。

其实我宁愿仓央嘉措死在青海湖，死在二十五岁，我并不希望他的后世，具有多少神通和法力。对我来说，仓央嘉措是一个为情而生的活佛。在布达拉宫，他虽然没有用实际的行为造福百姓，但是他的情诗，他敢于游走人间的性情，就是对十万信众最好的度化。而让我们铭记于心的，始终是那个俊雅多情的年轻活佛，是他风花雪月的柔情。

"世间安得双全法，不负如来不负卿。"这才是真正的仓央嘉措，徜徉在佛界与爱河里，深陷其中、无法自拔的仓央嘉措。这样多情的他，让世人爱得深刻、爱得心痛。他到底是执迷，还是顿悟，是舍得，还是不舍，是拥有，还是放下，也不重要了。走过忘川河，再入轮回，重返世上，又是新生。

这一生，无论仓央嘉措扮演了怎样的角色，纵然陌路相逢，匆匆擦肩，也必定为他回首。忘了吧，就这样忘了吧。忘记他有过前世、今生，以及后世。一切都是尘埃，一切都会烟消云散。如果真的了无痕迹，为什么还有这么多人跋山涉水去西藏，明知是陌路觐见，却还是痴心不改地将他的前世今生寻找？我想是因为，他是我们的佛，是我们一生的珍惜。

还有什么是我们所不能放下的，难道真的要找到仓央嘉措的舍

利或头发，才算是此生有幸吗？才算是真的圆满吗？不，不是的，假如我们真的相信他的存在，就应该相信世间有不死的灵魂，他的灵魂会像情歌一样，在拉萨的天空自由往返，化作这片土地上灵性的草木，游走于细水长流的日子里，飘散成阳光下的粉尘，融入在每一朵沉静的微笑中。

我种今生因，谁得来世果。高原里浩荡的长风不语，来去无心的白云不语，神山圣湖不语。它们从来都是如此，为了一个简单的诺言，可以永生永世守口如瓶。就让我们对着温厚宽容的岁月，许下善良的心愿，唯愿这世间的每一条河流都可以清澈无尘，每一座山峦都可以平和沉静，每一片草原都可以不分彼此。愿山河静美，盛世长宁。

见
与
不
见

　　是一个梅开的春季，我在自己的个性签名上写下这么一句：多少繁华成旧梦，人间重现白落梅。友说有重出江湖之感，我淡然一笑。写完仓央嘉措这本诗传的时候，是在寒冷的冬天，这个冬天，江南多雪。当我搁笔，许下最后一个心愿，愿山河静美，盛世长宁。之后就一直沉默，直至春节过后，看溪畔绿草茵茵，梅园梅花绽放，才恍然觉得，赶春须趁早。

　　这期间，也曾知道《非诚勿扰2》，知道里面有个叫川川的女孩念了一首诗——《见与不见》。正是这首诗，感动了万千的人，多少人为之泪流满面。这之前，许多人都认为，《见与不见》是一位叫仓央嘉措的情僧所写，并乐此不疲地传唱。直到后来，才知道是一位叫扎西拉姆·多多的现代女诗人所作的诗歌《班

扎古鲁白玛的沉默》。而这首诗的灵感，是来自莲花生大师非常著名的一句话："我从未离弃信仰我的人，或甚至不信我的人，虽然他们看不见我，我的孩子们，将会永远永远受到我慈悲心的护卫。"

而当我看到扎西拉姆·多多写下这么一句话，亦深受感动。"即便如此，多多愿意，将荣耀归于仓央嘉措。"张爱玲说过，因为懂得，所以慈悲。我们一直所追求的，不就是人与人之间多一份懂得，多一份珍惜，多一份悲悯吗？相信仓央嘉措亦不会想要这份荣耀，以他的才情、他的气度、他的倜傥，又岂会在意三百年后世人对他的看法。

曾经拥有过无上尊荣，接受十万信众虔诚膜拜，被拉萨城许多美丽姑娘深深爱戴的仓央嘉措，写下无数缠绵悱恻的情诗。无论是否有这首《见与不见》，他依然是世人心中最绝美的情僧，在那个叫西藏的神秘土地上，遍植情花。只要打那儿经过的人，甚至读过他情诗的人，都会中毒。可许多人，明知是毒，却不问是否有解药，径自饮下，无怨无悔。不知道，这究竟是文字的魅力，还是情爱的魅力，抑或是冥冥中被佛性牵引，一旦沉陷，再难自拔。

其实，仓央嘉措这一生都被命运摆布，无法遵从自己的方式行走。本出生在一个叫门隅的美丽的小地方，有青梅竹马的邻村女孩相伴，原以为可以守着这份平淡的幸福，安稳地过一生。奈何他却是五世达赖喇嘛罗桑嘉措的转世灵童，此生要为前世的债约，付出苍茫的代价。第巴桑结嘉措为了继续利用五世达赖的权威掌管黄教政务，对罗桑嘉措的死密不发丧十五年。而仓央嘉措也隐没了十五年，直至他住进了布达拉宫，这座神圣的宫殿，并没有给他想要的结果。

仓央嘉措做了桑结嘉措的棋子，像一只囚鸟，被禁锢在华丽的牢笼里。没有无上的权力，失去快乐自由，倘若不是在布达拉宫找到那条通往拉萨城的甬道，仓央嘉措亦不会拥有那段刻骨铭心的爱恋。在一间叫玛吉阿米的小酒馆，活佛仓央嘉措成了浪子宕桑旺波，他爱上了美丽的琼结姑娘，才会无奈地问佛：世间安得双全法，不负如来不负卿。

如若不是那场大雪泄露了仓央嘉措游荡在拉萨城的秘密，他和琼结姑娘的情缘又会有多久？他六世达赖的身份又将维持多久？二十五岁的仓央嘉措，因为犯下了佛门戒律，早早地迎来了命运的判决。被押解至青海湖的他，将自己弄得下落不明。有人说他病死了，也有人说他被解差释放，做了青海湖畔一位普通的牧人，诗酒风流地过一生。而阿旺伦珠达吉的《秘传》，却延续了仓央嘉措后世的传奇。他离开青海湖，变成另外一个人，一个为了完成使命，而零落人间的佛者。

或许正因为仓央嘉措是一位僧人，所以他的情深，更令人感动。这世间有许多情感，都背负太多的无奈，欲爱不能，欲

罢不忍。谁又可以静坐在云端，淡然俯瞰凡尘烟火，而自己做到纤尘不染。尘世里美丽的相逢，总是让你我情难自禁，只是从来没有一段缘分，真正可以维系一生。但我们依旧不管不顾地爱着，接受相遇与离别的轮回，接受缘起缘灭的因果宿命。今天我是你心头的朱砂，明天辗转又天涯。

　　曾经多少刻骨的爱恋，都被我们一一扫落尘埃。总有一些过往，会成为经久的回忆，并且再也不能忘记。我们总想要一份永恒，可是又有几人愿意相信永远。那么多人，不辞千山万里，抵达西藏，捡拾仓央嘉措的脚印。是为了追寻一个沉默了三百年的答案，还是仅仅为了给自己无处安放的情缘寻找一个彼岸？有些人，忘记了归途，此生留宿青海湖，和湖水做一生的知己，与一棵芨芨草交换心性柔情。更有许多人，匆匆往返，来不及许下一个心愿，又重新淹没在茫茫人海中。

　　都说禅林深院的钟声是世间最洁净、最美丽的语言，它会让贪欲的人学会放下，让浮躁的心懂得安宁。都说世间情事如烟云一样舒卷，可如何才能做到忘记，忘记这碌碌红尘，有过一个你，有过一个我，有过那么一段清澈的相遇。曾经有过约定，携手戏人间，可终究还是在茫然的岁月中，彼此失散了。是有人在岔路口，禁不住百媚千红的诱惑，不由自主地匆匆转弯，抛下当年不离不弃的誓约，忘却过往千恩万宠的时光，就这么决然转身，转身……

人生如浮萍，聚散两茫茫。此去经年，万里蓬山，又何曾奢望还会有重见之日。拥有，不过是找回自己遗落的东西，失去，也只是双手归还所得的一切。把地老天荒，都当成萍水相逢；把情深意重，都看作风轻云淡。到了那一天，也许我们都可以做到不悲不喜、不增不减、不舍不弃了。只是那时候，谁还需要一个温暖的怀抱，搁歇这倦怠的灵魂。谁又要住进谁的心里，默然相爱，寂静欢喜。

　　既信因果，就该从容。既知冷暖，就该淡漠。要知道，人生就是一场修炼，总有一天我们可以修炼成自己想要的某种物象。或是风雪中一枝冷傲的梅花，或是一块温润的老玉，或是佛前一朵安静的睡莲，抑或是红尘里一株招摇的水草。就算是修炼不成，不过是蹉跎了几剪光阴，辜负了一段韶华，那又何妨？

　　三百年过去了，仓央嘉措几经转世轮回，他修炼成了什么？我相信，慈悲之人，愿将自己萎落成泥，焚烧成灰，纵算飘散于这世间任何一个角落，都可以淡然相对。浮生一梦，我们不过是在梦里，导演着自己，又在梦外，冷眼相看，和梦中人恍如陌路。

　　逝者如斯，千唤不回。悠悠沧海，桑田失色。人世浮沉，草木亦有情感，烟尘亦知冷暖。可我们的心，总是找不到一个宁静的归所，可以安身立命。多少情怀需要蓄养，多少诺言期待兑现，还有多少错过渴望重来。只是回不去了，滔滔时光，

如东流之水，再也不能回头。三百年的一起一灭，一离一合，一喜一悲，也只是瞬间。有些情感，终究是无可取代，有些缘分，注定那么短暂。

仓央嘉措曾经跪在佛前，发出迷惘又深情的追问。佛只说，和喜欢的人，在一起做快乐的事，莫问是缘是劫。大爱无言，不求每个人都像佛一样，悲悯宽容，只求每颗心多一些良善，少一些恶念。要相信，我们的灵魂是那么地柔弱，一首情歌、一段词句、一个韵脚，都可以将其深深打动。既是如此，又还有什么不可以原谅，还有什么不能容忍。

好好珍爱吧，珍爱你我所拥有的这一桩情缘。让神山圣湖做证，告诉仓央嘉措，我们也曾打理行囊去前世寻他，尽管颠沛流离，却依旧为之奉献，那颗美丽纯净的初心。无论是否遇见，我们都是被他救赎过的人。既是那么喜欢《见与不见》，就以这首诗为结局，一如当年那段情深的开始。

你见，或者不见我

我就在那里　不悲不喜

你念，或者不念我

情就在那里　不来不去

你爱，或者不爱我

爱就在那里　不增不减

你跟，或者不跟我

我的手就在你手里 不舍不弃

来我的怀里

或者

让我住进你的心里

默然 相爱

寂静 欢喜

白落梅

2011 年 2 月 25 日 于太湖

仓央嘉措情歌

（于道泉 译）

其 一

从东边的山尖上，
白亮的月儿出来了。
"未生娘" * 的 * 脸儿，
在心中已渐渐地显现。

【注1】"未生娘"系直译藏文之 ma-skyes-a-ma 一词，
系"少女"之意。
【注2】此译本是20世纪30年代所译，由于时代因素，多用"底"
字，今为便于阅读，改为"的"字。——编者注

其 二

去年种下的幼苗，
今岁已成禾束；
青年老后的体躯，
比南方的弓 * 还要弯。

【注】制弓所用之竹，乃来自南方不丹等地。

其 三

自己的意中人儿，
若能成终身的伴侣，
犹如从大海底中，
得到一件珍宝。

其 四

邂逅相遇的情人，
是肌肤皆香的女子，
犹如拾了一块白光的松石 *，
却又随手抛弃了。

【注】"松石"乃是藏族人民最喜欢的一种宝石，在西藏有好多人相信最好的松石有避邪护身的功用。

其 五

伟人大官的女儿，
若打量伊美丽的面貌，
就如同高树的尖儿，
有一个熟透的果儿。

其六

自从看上了那人，
夜间睡思断了。
因日间未得到手，
想得精神累了吧！

其七

花开的时节已过，
"松石蜂儿" * 并未伤心，
同爱人的因缘尽时，
我也不必伤心。

【注】据藏族人说西藏有两种蜜蜂，一种黄色的叫作黄
金蜂 ser-brang，一种蓝色的叫作松石蜂 gyu-sbrang。

其八

草头上严霜的任务，*
是作寒风的使者。
鲜花和蜂儿拆散的，
一定就是"它"啊。

【注】这一句意义不甚明了，原文中 Rtsi-thog 一字乃
达斯氏《藏英字典》中所无。在库伦印行的一本《藏蒙
字典》中有 rtstog 一字，译作蒙文 tuemuesue（禾）。
按 thog 与 tog 本可通用，故 rtsi-tog 或即 rtsi-thog
的另一拼法。但是将 rtsi-thog 解作（禾）字，这一
行的意义还是不明。最后我将 rtsi 字当作 rtswahi 字
的误写，将 kha 字当作 khag 字的误写，乃勉强译出。
这样办好像有点过于大胆，不过我还没有别的办法能使
这一行讲得通。

其九

野鹅同芦苇发生了感情，
虽想少住一会儿。
湖面被冰层盖了以后，
自己的心中乃失望。

其 十

渡船 * 虽没有心，
马头却向后看我；
没有信义的爱人，
已不回头看我。

> 【注】在西藏的船普通有两种：一种叫作 ko-ba 是皮作
> 的，只顺流下行时用。因为船身很轻，到了下游以后撑
> 船的可以走上岸去，将船背在背上，走到上游再载着客
> 或货往下游航行。另一种叫作 gru-shan 是木头作的，
> 专作摆渡用。这样的摆渡船普通都在船头上安一个木刻
> 的马头，马头都是安作向后看的样子。

其 十 一

我和市上的女子，
用三字作的同心结儿，
没用解锥去解，
在地上自己开了。

其十二

从小爱人的"福幡"*，
竖在柳树的一边，
看柳树的阿哥自己，
请不要"向上"抛石头。

【注】在西藏各处的屋顶和树梢上边都竖着许多印有梵、藏文咒语的布幡，叫作 rlung-bskyed 或 dar-lcog。藏族人民以为可以借此祈福。

其十三

写成的黑色字迹，
已被水和"雨"滴消灭；
未曾写出的心迹，
虽要拭去也无从。

其十四

嵌的黑色的印章，
话是不会说的。
请将信义的印儿，
嵌在各人的心上。

其十五 （一）

有力的蜀葵花儿，
"你"若去作供佛的物品，
也将我年幼的松石蜂儿，
带到佛堂里去。

其十五 （二）

我的意中人儿，*
若是要去学佛，
我少年也不留在这里，
要到山洞中去了。

【注】达斯本作"意中的女子"。

其十六

我往有道的喇嘛面前，
求他指我一条明路。
只因不能回心转意，
又失足到爱人那里去了。

在最深的
红尘里重逢

其 十 七 A

我默想喇嘛的脸儿，
心中却不能显现；
我不想爱人的脸儿，
心中却清楚地看见。

其 十 七 B

若以这样的"精诚"，
用在无上的佛法，
即在今生今世，
便可肉身成佛。

其 十 八

洁净的水晶山上的雪水，

铃荡子＊上的露水，

加上甘露药的酵"所酿成的美酒"，

智慧天女＊当炉。

若用圣洁的誓约去喝，

即可不遭灾难。

【注1】"铃荡子"藏文为klu-bdud-rdo-rje，因为还未能找到它的学名，或英文名，所以不知道是什么样的一种植物。

【注2】"智慧天女"原文为ye-shes-mkhah-hgro。乃ye-shes-kyi-mkhah-hgro-ma之略。

ye-shes意为"智慧"。mkhah-hgro-ma直译为"空行女"。此处为迁就语气故译作"智慧天女"。按mkhah-hgro-ma一词在藏文书中都用它译梵文之dakini一字，而dakini在汉文佛经中译音作"茶吉尼"，乃是能盗食人心的夜叉鬼（参看丁氏《佛学大辞典》1892页中），而在西藏传说中"空行女"却多半是绝世美人。在西藏故事中常有"空行女"同世人结婚的事，和汉族故事中的狐仙颇有点相似。

普通藏族人民常将"空行女"与"救度母"（sgrol-ma）相混。

在最深的
红尘里重逢

其 十 九 *

当时来运转的际（机）会，
我竖上了祈福的宝幡。
就有一位名门的才女，
请我到伊家去赴宴。

【注】这一节乃是极言宝幡效验之速。

其 二 十

我向露了白齿微笑的女子们的，*
座位间普遍地看了一眼，
一人差涩的目光流转时，
从眼角间射到我少年的脸上。

【注】在这一句中藏文有 lpags-pa（皮）字颇觉无从索解。

其二十一

因为心中热烈的爱慕，
问伊是否愿作我的亲密的伴侣？
伊说："若非死别，
决不生离。"

其二十二

若要随彼女的心意，
今生与佛法的缘分断绝了；
若要往空寂的山岭间去云游，
就把彼女的心愿违背了。

其二十三 *

公（工）布少年的心情，
好似拿在网里的蜂儿。
同我作了三日的宿伴，
又想起未来与佛法了。

【注】这一节是一位女子讥讽伊的爱人工布少年的话，
将拿在网里的蜂儿之各处乱撞，比工布少年因理欲之争
而发生的不安的心情。（公（工）布 kong-po 乃西藏地
名，在拉萨东南。）

其二十四 *

终身伴侣啊我一想到你，
若没有信义和羞耻，
头髻上带的松石，
是不会说话的啊！

【注】这一节是说女子若不贞，男子无从监督，因为能
同女子到处去的，只有伊头上戴的松石。

其 二 十 五

你露出白齿儿微笑，

是正在诱惑我呀？

心中是否有热情，

请发一个誓儿！

其 二 十 六

情人邂逅相遇，*

被当炉*的女子撮合。

若出了是非或债务，

你须担负他们的生活费啊！

【注1】这一句乃是藏族人民常说的一句成语，直译当作"情人犹如鸟同石块在路上相遇"；意思是说鸟落在某一块石头上，不是山鸟的计划，乃系天缘。以此比情人的相遇全系天缘。

【注2】炉字应为"垆"，下同。——编者注

其二十七

心腹话不向父母说，
却在爱人面前说了。
从爱人的许多牡鹿 * 之间，
秘密的话被仇人听去了。

【注】此处的牡鹿，系指女子的许多"追逐者"。

其二十八 *

情人艺桌拉茉 *，
虽是被我猎人捉住的。
却被大力的长官
讷桑嘉鲁夺去了。

【注1】有一个故事藏在这一节里边，但是讲这个故事
的书在北平找不到，我所认识的藏族人士又都不知道这
个故事，所以不能将故事中的情节告诉读者。
【注2】此名意译当作"夺人心神的仙女"。

其 二 十 九

宝贝在手里的时候，
不拿它当宝贝看；
宝贝丢了的时候，
却又急的心气上涌。

其 三 十

爱我的爱人儿，
被别人娶去了。
心中积思成痨，
身上的肉都消瘦了。

其 三 十 一

情人被人偷去了，
我须求签问卜去罢。
那天真烂漫的女子，
使我梦寐不忘。

其 三 十 二

若当炉的女子不死，*
酒是喝不尽的。
我少年寄身之所，
的确可以在这里。

【注】西藏的酒家多系娼家，当炉女多兼操神女生涯，
或撮合痴男怨女使在酒家相会。可参看第 26 节。

其 三 十 三

彼女不是母亲生的，
是桃树上长的罢？
伊对一人的爱情，
比桃花凋谢得还快呢！

其三十四 *

我自小相识的爱人，

莫非是与狼同类?

狼虽有成堆的肉和皮给它，

还是预备住在*上去。

【注1】这一节是一个男子以自己的财力不能买得一个
女子永久的爱，怨恨女子的话。

【注2】"住在"一作"往山"。——编者注

其三十五

野马往山上跑，

可用陷阱或绳索捉住;

爱人起了反抗，

用神通力也捉拿不住。

其三十六

躁急和暴怒联合，

将鹰的羽毛弄乱了;

诡诈和忧虑的心思，

将我弄憔悴了。

其 三 十 七

黄边黑心的浓云，

是严霜和灾雹的张本；

非僧非俗的班第 *，

是我佛教法的仇敌 *。

> 【注1】藏文为 ban-dhe。据叶式客（Yaschke）的《藏
> 英字典》有二义：（1）佛教僧人；（2）本波（bon po）
> 教出家人。按"本波教"为西藏原始宗教，和内地的道
> 教极相似，在西藏常和佛教互相排斥。此处 ban-dhe 似
> 系作第二义解。
>
> 【注2】"仇敌"一作"仇雠"。——编者注

其 三 十 八

表面化水的冰地，

不是骑牡马的地方；

秘密爱人的面前，

不是谈心的地方。

其三十九 *

初六和十五日的明月，*
到（倒）是有些相似；
明月中的兔儿，
寿命却消磨尽了。

【注1】这一节的意义不甚明了。据我看，若将这一
节的第1、2两行和第42节的第1、2两行交换地位，
这两节的意思，好像都要较为通顺一点。据一位西藏友
人说，这一节中的明月是比为政的君子，兔儿是比君子
所嬖幸的小人。

【注2】这一句藏文原文中有 tshes-chen 一字为达斯
氏字典中所无。但此字显然是翻译梵文 mahatithi 一字。
据威廉斯氏《梵英字典》796 页谓系阴历初六日。

其四十*

这月去了，

下月来了。

等到吉祥白月的月初*，

我们即可会面。

【注1】这一节据说是男女相约之词。

【注2】印度历法自月盈至满月谓之（白月）。见丁氏《佛学大辞典》904 页下。

其四十一

中间的弥卢山王*，
请牢稳地站着不动。
日月旋转的方向，
并没有想要走错。

【注】"弥卢山王"藏文为 ri-rgyal-lhun-po。ri-rgyal 意为"山王"，lhun-po 意为"积"，乃译梵文之 Meru 一字。 按 Meru 普通多称作 Sumeru，汉文佛经中译意为"善积"，译音有"须弥山""修迷楼""苏迷卢"等，但世人熟知的，只有"须弥山"一名。在西藏普通称此山为 ri rab。古代印度人以为须弥山是世界的中心，日月星辰都绕着它转。这样的思想虽也曾传入我国内地，却不像在西藏那样普遍。在西藏没有一个不知道 ri rab 这个名字。

在最深的
红尘里重逢

其四十二 *

初三的明月发白，
它已尽了发白的能事，
请你对我发一个
和十五日的夜色一样的誓约。

【注】这一节意义不甚明了。

其四十三

住在十地 * 界中的，
有誓约的金刚护法，
若有神通的威力，
请将佛法的冤家驱逐。

【注】菩萨修行时所经的境界有十地：(1) 喜欢地，(2)
离垢地，(3) 发光地，(4) 焰慧地，(5) 极难胜地，(6)
现前地，(7) 远行地，(8) 不动地，(9) 善慧地，(10)
法云地。见丁氏《佛学大辞典》225 页中。护法亦系菩
萨化身，故亦在十地界中。

其 四 十 四

杜鹃从寞地来时，
适时的地气也来了；
我同爱人相会后，
身心都舒畅了。

其 四 十 五

若不常想到无常和死。
虽有绝顶的聪明，
照理说也和呆子一样。

其 四 十 六

不论虎狗豹狗＊，
用香美的食物喂它就熟了；
家中多毛的母老虎＊，
熟了以后却变的更要凶恶。

【注1】虎狗、豹狗系各种狗的名字。

【注2】"多毛的母老虎"系指家中悍妇。

其 四 十 七

虽软玉似的身儿抱惯，
却不能测知爱人心情的深浅。
只在地上画几个图形，
天上的星度却已算准。

其 四 十 八

我同爱人相会的地方，
是在南方山峡黑林中，
除去会说话的鹦鹉以外，
不论谁都不知道。
会说话的鹦鹉请了，
请不要到十字路上去多话！ *

【注】这一句在达斯本中作"不要泄漏秘密"。

其 四 十 九

在拉萨拥挤的人群中，
琼结＊人的模样俊秀。
要来我这里的爱人，
是一位琼结人哪！

【注】据贝尔氏说西藏人都以为若是这位达赖喇嘛娶了
他那从琼结来的爱人，他的子孙一定要强大起来，使中
国不能统治，所以中国政府乃早把他去掉了。（《西藏
之过去及现在》39 页。按：贝尔著作中有很错误的言论，
读者要注意。）

据贝尔氏说琼结 Chung-rgyal 乃第五代达赖生地，但
是他却没有说是在什么地方。据藏族学者说是在拉萨
东南，约有两天的路程。我以为它或者就是 hphyong
rgyas（达斯氏字典 852 页），因为这两字在拉萨方言中
读音是相似的。

在最深的
红尘里重逢

其 五 十 A

有腮胡的老黄狗，
心比人都伶俐。
不要告诉人我薄暮出去，
不要告诉人我破晓回来。

其 五 十 B

薄暮出去寻找爱人，
破晓下了雪了。
住在布达拉时，
是瑞晋仓央嘉措 *。

【注】此处仓央嘉措的人名译法同标题不同，原文如此。——编者注

其 五 十 C

在拉萨下面住时，

是浪子宕桑旺波，

秘密也无用了，

足迹已印在了雪上。*

【注】传说当仓央嘉措为第六代达赖时在布达拉宫正门旁边又开了一个旁门，将旁门的钥匙自己带着。等到晚上守门的把正门锁了以后，他就戴上假发，扮作在家人的模样从旁门出去，到拉萨民间，改名叫作宕桑旺波，去过他的花天酒地的生活。待破晓即回去将旁门锁好，将假发卸去，躺在床上装作老实人。这样好久，未被他人识破。有一次在破晓未回去以前下了大雪，回去时将足迹印在了雪上。宫中的侍者早起后见有足迹从旁门直到仓央嘉措的卧室，疑有贼人进去。以后根究足迹的来源，直找到荡妇的家中；又细看足迹乃是仓央嘉措自己的，乃恍然大悟。从此这件秘密乃被人知道了。

在最深的
红尘里重逢

其五十一

被中软玉似的人儿，
是我天真烂熳的情人。
你是否用假情假意，
要骗我少年财宝？

其五十二 *

将帽子戴在头上，
将发辫抛在背后。
他说："请慢慢地走！"
他说："请慢慢地住。" *
他问："你心中是否悲伤？"
他说："不久就要相会！"

【注1】这一节据说是仓央嘉措预言他要被拉藏汗掳去的事。

【注2】"慢慢地走"和"慢慢地住"乃藏族人民离别时一种通常套语，犹如汉人之"再见"。

其 五 十 三 *

白色的野鹤啊，

请将飞的本领借我一用。

我不到远处去耽搁，

到理塘去一遭就回来。

【注】据说这一节是仓央嘉措预言他要在理塘转生的话。藏族朋友还告诉了我一个故事，也是这位达赖要在理塘转生为第七代达赖的预言。现在写它出来。据说仓央嘉措去世以后，西藏人民急于要知道他到哪里去转生，先到箭头寺去向那里的护法神请示，不得要领。乃又到噶玛沙（skar-ma-shangi）去请示。那里的护法神附了人身以后，只拿出了一面铜锣来敲了一下。当时人都不明白这是什么意思，等到达赖在理塘转生的消息传来以后，乃都恍然大悟。原来作响锣的铜藏文叫作 li（理），若把锣一敲就发 thang（塘）的一声响，这不是明明白白地说达赖在要理塘转生么！

其 五 十 四 *

死后地狱界中的，

法王*有善恶业的镜子*，

在这里虽没有准则，

在这里须要报应不爽，

让他们得胜啊！*

【注1】这一节是仓央嘉措向阎罗说的话。

【注2】"法王"有三义：(1)佛为法王；(2)护持佛法之国王为法王；(3)阎罗为法王（见达斯氏字典430页）。此处系指阎罗。

【注3】"善恶业镜"乃冥界写取众生善恶业的镜子（可参看丁氏《佛学大辞典》2348页上）。

【注4】"让他们得胜啊"原文为 dsa-yantu，乃是一个梵文字。藏文书在卷终常有此字。

其五十五

卦箭＊中了鹄的以后，

箭头钻到地里去了；

我同爱人相会以后，

心又跟伊去了。

【注】系用射的以占卜吉凶的箭（参看达斯氏《藏英字典》673 页）。

其五十六

印度东方的孔雀，

公（工）布谷底的鹦鹉，

生地各各不同，

聚处在法轮＊拉萨。

【注】"法轮"乃拉萨别号，犹如以前的北京称为"首善之区"。

其五十七

人们说我的话，
我心中承认是对的。
我少年琐碎的脚步，
曾到女店东家里去过。*

> 【注】据说这一节是仓央嘉措的秘密被人晓得了以后，
> 有许多人背地里议论他，他听到了以后暗中承认的话。

其五十八

柳树爱上了小鸟，
小鸟爱上了柳树。
若两人爱情和谐，
鹰即无隙可乘。

其五十九

在极短的今生之中，
邀得了这些宠幸；
在来生童年的时候，
看是否能再相逢。

其六十

会说话的鹦鹉儿，
请你不要作声。
柳林里的画眉姐姐，
要唱一曲好听的调儿。

在最深的
红尘里重逢

其 六 十 一 *

后面凶恶的龙魔*，

不论怎样利害；

前面树上的苹果，

我必须摘一个吃 。

【注1】这一节是荡子的话。枝上的苹果是指荡子意中的女子。后面的毒龙是指女子家中的父亲或丈夫。

【注2】龙在西藏传说中有两种：一种叫作 klu，读作"卢"，是有神通，能兴云作雨，也能害人的灵物。一种叫作 hbrug，读作"朱"，是夏出冬伏，只能随同 klu 行雨，无甚本领，而也与人无害的一种动物。藏族人民都以为下雨时的雷声即系 hbrug 的鸣声，所以"雷"在藏文中叫作 hbrug-skad。klu 常住在水中或树上。若住在水中，他的附近就常有上半身作女子身等等的怪鱼出现。若是有人误在他的住处捕鱼，或抛弃不干净的东西，他就使那人生病。他若在树上住时，永远是住在"女树"（mo-shing）上。依西藏传说，树也分男女，凡结鲜艳的果子的是女树。因为他有神通，所以他住在树上时我们的肉眼看不见他。不过若是树上住着一个 klu，人只可拾取落在地下的果子，若是摘树上的果子吃，就得风湿等病，所以风湿在藏文中叫 klu 病（Klu-nad）。

其六十二 *

第一最好是不相见，

如此便可不至相恋。

第二最好是不相识，

如此便可不用相思。

【注】这一节据藏族学者说应该放在 29 节以后。

在最深的
红尘里重逢

附录二

仓央嘉措情歌

（曾缄 译）

其一

心头影事幻重重，化作佳人绝代容。

恰似东山山上月，轻轻走出最高峰。

【注】此言倩影之来心上，如明月之出东山。

其二

转眼苑枯便不同，昔日芳草化飞蓬。

饶君老去形骸在，弯似南方竹节弓。

【注】藏南、布丹等地产良弓，以竹为之。

其三

意外娉婷忽见知，结成鸳侣慰相思。

此身似历茫茫海，一颗骊珠乍得时。

其四

邂逅谁家一女郎，玉肌兰气郁芳香。
可怜璀璨松精石，不遇知音在路旁。

【注】松石，藏人所佩，示可避邪，为宝石之一种。

其五

名门娇女态翩翩，阅尽倾城觉汝贤。
比似园林多少树，枝头一果娉鲊妍。

【注】以枝头果状伊人之美，颇为别致。

其六

一自消魂那壁厢，至今窹寐不断忘。
当时交臂还相失，此后思君空断肠。

其七

我与伊人本一家，情缘虽尽莫咨嗟。
清明过了春归去，几见狂蜂恋落花。

其八

青女欲来天气凉，蒹葭和露晚苍苍。
黄蜂散尽花飞尽，怨杀无情一夜霜。

【注】意谓拆散蜂与花者霜也。

其九

飞来野鹜恋丛芦，能向芦中小住无。
一事寒心留不得，层冰吹冻满平湖。

其十

莫道无情渡口舟，舟中木马解回头。
不知负义儿家婿，尚解回头一顾不。

【注】藏中渡船皆刻木为马，其头反顾。

其十一

游戏拉萨十字街，偶逢商女共徘徊。
匆匆绾个同心结，掷地旋看已自开。

其十二

长干小生最可怜，为立祥幡傍柳边。
树底阿哥须护惜，莫教飞石到幡前。

【注】藏俗于屋前多竖经幡，用以祈福。此诗可谓君子
之爱人也，因及于其屋之幡。

其十三

手写瑶笺被雨淋，模糊点画费探寻。
纵然灭却书中字，难灭情人一片心。

其十四

小印圆匀黛色深，私钤纸尾意沉吟。
烦君刻画相思去，印入伊人一寸心。

【注】藏人多用圆印，其色作黛绿。

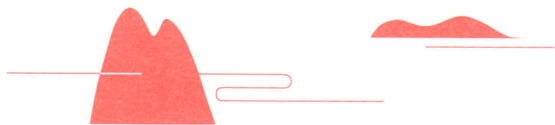

其十五

细腰蜂语蜀葵花，何日高堂供曼遮。
但使侬骑花背稳，请君驮上法王家。

【注】曼遮，佛前供养法也。

其十六

含情私询意中人，莫要空门证法身。
卿果出家吾亦逝，入山和汝断红尘。

【注】此上二诗，于本分之为二，言虽出家，亦不相离。
前诗葵花，比意中人，细腰蜂所以自况也。其意一贯，
故前后共为一首。

其十七

至诚皈命喇嘛前，大道明明为我宣。
无奈此心狂未歇，归来仍到那人边。

其十八

入定修观法眼开，乞求三宝降灵台。
观中诸圣何曾见，不请情人却自来。

其 十 九

静时修止动修观，历历情人挂眼前。

肯把此心移学道，即生成佛有何难。

【注】以上二诗亦为一首，于分为二。藏中佛法最重观想，观中之佛菩萨，名曰本尊，此谓观中本尊不现，而情人反现也。昔见他本情歌二章，余约其意为蝶恋花词云："静坐焚香观法像，不见如来，镇日空凝想。只有情人来眼上，亭亭铸出娇模样。碧海无言波自荡，金雁飞来，忽露惊疑状。此事寻常君莫怅，微风皱作鳞鳞浪。"前半阕所咏即此诗也。

其 二 十

醴泉甘露和流霞，不是寻常卖酒家。

空女当垆亲赐饮，醉乡开出吉祥花。

【注】空行女是诸佛眷属，能福人。

其 二 十 一

为竖幡幢诵梵经，欲凭道力感娉婷。

琼筵果奉佳人召，知是前朝佛法灵。

其二十二

贝齿微张笑靥开，双眸闪电座中来。

无端觑看情郎面，不觉红涡晕两腮。

其二十三

情到浓时起致辞，可能长作玉交枝。

除非死后当分散，不遣生前有别离。

【注】前二句是问词，后二句是答词。

其二十四

曾虑多情损梵行，入山又恐别倾城。

世间安得双全法，不负如来不负卿。

其二十五

绝似花蜂困网罗，奈他工布少年何。

圆成好梦才三日，又拟将身学佛陀。

【注】工布，藏中地名，此女子诮所欢男子之辞。

其二十六

别后行踪费我猜，可曾非议赴阳台。
同行只有钗头凤，不解人前告密来。

【注】此疑所欢女子有外遇而致恨钗头凤之缄口无言也。
原文为髻上松石，今以钗头凤代之。

其二十七

微笑知君欲诱谁，两行玉齿露参差。
此时心意真相属，可肯依前举誓词。

其二十八

飞来一对野鸳鸯，撮合劳他贳酒娘。
但使有情成眷属，不辞辛苦作慈航。

【注】拉萨酒家撮合痴男怨女，即以酒肆作女间。

其二十九

密意难为父母陈，暗中私说与情人。
情人更向情人说，直到仇家听得真。

其三十

腻婥仙人不易寻，前朝遇我忽成禽。
无端又被卢桑夺，一入侯门似海深。

【注】腻婥拉荣，译言为夺人魂魄之神女。卢桑，人名，当时有力权贵也。藏人谓此诗有故事，未详。

其三十一

明知宝物得来难，在手何曾作宝看。
直到一朝遗失后，每思奇痛彻心肝。

其三十二

深怜密爱誓终身，忽抱琵琶向别人。
自理愁肠磨病骨，为卿憔悴欲成尘。

其三十三

盗过佳人便失踪，求神问卜冀重逢。
思量昔日天真处，只有依稀一梦中。

【注】此盗亦复风雅，唯难乎其为失主耳。

其 三 十 四

少年浪迹爱章台，性命唯堪寄酒怀。
传语当垆诸女伴，卿如不死定常来。

【注】一云：当垆女子未死日，杯中美酒无尽时，少年
一身安所托，此间乐可常栖迟。此当垆女，当是仓央嘉
措夜出便门私会之人。

其 三 十 五

美人不是母胎生，应是桃花树长成。
已恨桃花容易落，落花比汝尚多情。

【注】此以桃花易谢，比彼姝之情薄。

其 三 十 六

生小从来识彼姝，问渠家世是狼无。
成堆血肉留难住，奔走荒山何所图。

【注】此竟以狼况彼姝，恶其野性难驯。

其三十七

山头野马性难驯，机陷犹堪制彼身。

自叹神通空具足，不能调伏枕边人。

【注】此又以野马况之。

其三十八

羽毛零乱不成衣，深悔苍鹰一怒非。

我为忧思自憔悴，那能无损旧腰围。

【注】鹰怒则损羽毛，人忧亦亏形容，此以比拟出之。

其三十九

浮云内黑外边黄，此是天寒欲雨霜。

班弟貌僧心是俗，明明末法到沧桑。

【注】班弟，教名，此藏中外道，故仓央嘉措斥之。

其四十

外虽解冻内偏凝，骑马还防踏暗冰。
往诉不堪逢彼怒，美人心上有层冰。

【注】谓彼美外柔内刚，惴惴然常恐不当其意。

其四十一

弦望相看各有期，本来一体异盈亏。
腹中顾兔消磨尽，始是清光饱满时。

【注】此与杜子美"所却月中桂，清光应更多"同意，藏中学者，谓此诗以月比君子，兔比小人，信然。原文甚晦，疑其上下句有颠倒，余以意通之，译如此。

其四十二

前月推移后月来，暂时分手不须衰。
吉祥白月行看近，又到佳期第二回。

【注】藏人依天竺俗，谓月满为吉祥白月。

其四十三

须弥不动住中央，日月游行绕四方。

各驾轻车投熟路，未须却脚叹迷阳。

【注】日月皆绕须弥说，出佛经。

其四十四

新月才看一线明，气吞碧落便横行。

初三自诩清光满，十五何来皓魄盈？

【注】讥小人小得意便志得意满。

其四十五

十地庄严住法王，誓言诃护有金刚。

神通大力知无敌，尽逐魔军去八荒。

【注】此赞佛之词。

在最深的
红尘里重逢

其四十六

杜宇新从漠地来，天边春色一时回。

还如意外情人至，使我心花顷刻开。

【注】藏地高寒，杜宇啼而后春至，此又以杜宇况其情人。

其四十七

不观生灭与无常，但逐轮回向死亡。

绝顶聪明矜世智，叹他于此总茫茫。

【注】谓人不知佛法，不能观死无常，虽智实愚。

其四十八

君看众犬吠狺狺，饲以雏豚亦易驯。

只有家中雌老虎，愈温存处愈生嗔。

【注】此又斥之为虎，且抑虎而扬犬，读之可发一笑。

其四十九

抱惯娇躯识重轻，就中难测是深情。
输他一种觇星术，星斗弥天认得清。

【注】天上之繁星易测，而彼美之心难测，然既抱惯娇躯识重轻矣，而必欲知其情之深浅，何哉？我欲知之，而彼偏不令我知之，而我弥欲知之，如是立言，是真能勘破痴儿女心事者，此诗可谓妙文，嘉措可谓快人。

其五十

郁郁南山树草繁，还从幽处会婵娟。
知情只有闲鹦鹉，莫向三叉路口言。

【注】此野合之词。

其五十一

拉萨游女漫如云，琼结佳人独秀群。
我向此中求伴侣，最先属意便为君。

【注】琼结，地名，佳丽所自出。杜少陵诗云："燕赵休矜出佳丽，后宫不拟选才人。"此适与之相反。

其 五 十 二

龙钟黄犬老多髭，镇日司阍仗尔才。
莫道夜深吾出去，莫言破晓我归来。

【注】此黄犬当是为仓央嘉措看守便门者。

其 五 十 三

为寻情侣去匆匆，破晓归来积雪中。
就里机关谁识得，仓央嘉措布拉宫。

【注】以上二诗原本为一首，而于本分之。

其 五 十 四

夜走拉萨逐绮罗，有名荡子是旺波。
而今秘密浑无用，一路琼瑶足迹多。

【注】此记更名宕桑旺波，游戏酒家，踏雪留痕，为执事僧识破事。

其 五 十 五

玉软香温被裹身，动人怜处是天真。
疑他别有机权在，巧为钱刀作笑颦。

其五十六

轻垂辫发结冠缨，临别叮咛缓缓行。

不久与君须会合，暂时判袂莫伤情。

【注】《仓央嘉措别传》言夜出，有假发为世俗人装，故有垂发结缨之事。当是与所欢相诀之词，而藏人则谓是被拉藏汗逼走之预言。

其五十七

跨鹤高飞意壮哉，云霄一羽雪皑皑。

此行莫恨天涯远，咫尺理塘归去来。

【注】七世达赖转生理塘，藏人谓是仓央嘉措再世，即据此诗。

其五十八

死后魂游地狱前，冥王业镜正高悬。

一囚阶下成禽日，万鬼同声唱凯旋。

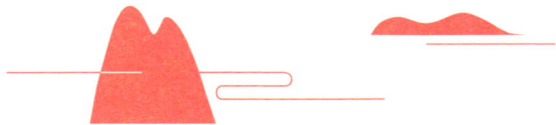

其 五 十 九

卦箭分明中鹄来，箭头颠倒落尘埃。
情人一见还成鹄，心箭如何挽得回？

【注】卦箭，卜巫之物，藏中喇嘛用以决疑者。此谓卦
箭中鹄，有去无还，亦如此心驰逐情人，往而不返也。

其 六 十

孔雀多生印度东，娇鹦工布产偏丰。
二禽相去当千里，同在拉萨一市中。

其 六 十 一

行事曾叫众口哗，本来白璧有微瑕。
少年琐碎零星步，曾到拉萨卖酒家。

其 六 十 二

鸟对垂杨似有情，垂杨亦爱鸟轻盈。
若叫树鸟长如此，伺隙苍鹰那得撄？

【注】虽两情缱绻，而事机不密，亦足致败，仓央嘉措
于此似不无噬脐之悔。

其六十三

结尽同心缔尽缘，此生虽短意缠绵。

与卿再世相逢日，玉树临风一少年。

其六十四

吩咐林中解语莺，辩才虽好且休鸣。

画眉阿姊垂杨畔，我要听他唱一声。

【注】时必有以不入耳之言，强聒于仓央嘉措之前者。

其六十五

纵使龙魔逐我来，张牙舞爪欲为灾。

眼前苹果终须吃，大胆将他摘一枚。

【注】龙魔谓强暴，苹果喻佳人，此大有见义不为无勇之慨。

其六十六

但曾相见便相知，相见何如不见时？

安得与君相诀绝，免教辛苦作相思。

附录三

仓央嘉措

年谱

康熙二十二年（1683 年），1 岁

仓央嘉措出生于门隅，在今西藏南部。不久被第巴桑结嘉措选为五世达赖的转世灵童。

康熙二十七年（1688 年），6 岁

父亲去世，仓央嘉措随母亲生活，受其舅父和姑母的冷遇，家境清寒。

康熙二十八年（1689 年），7 岁

被定期秘置在巴桑寺学经，并由几位学问高深的僧人担任经师（一说仓央嘉措 2 岁时即被秘置在巴桑寺学经）。

康熙三十五年（1696 年），14 岁

康熙帝御驾亲征准噶尔，平定了叛乱。

康熙三十六年（1697 年），15 岁

第巴桑结嘉措奏请五世达赖已死，公开仓央嘉措活佛身份，将

其迎到拉萨。途径浪卡子宗，以五世班禅罗桑益西为师，剃发受沙弥戒，取法名罗桑仁钦仓央嘉措，简称仓央嘉措。10月25日，在布达拉宫举行坐床典礼。坐床后学经三年。

康熙四十年（1701年），19岁

拉藏汗以仓央嘉措放荡不羁、任性妄为由向康熙帝奏书，表示对仓央嘉措是真达赖化身表示猜疑。康熙帝派使者入藏查验，证明仓央嘉措确有圆满圣体之相。

康熙四十一年（1702年），20岁

仓央嘉措前往扎什伦布寺，到达后，五世班禅劝说其受比丘戒，未果。在日喀则游荡后返回拉萨。

康熙四十四年（1705年），23岁

第巴桑结嘉措被拉藏汗所杀。康熙帝下令拘仓央嘉措赴京。

康熙四十五年（1706年），24岁

5月17日，仓央嘉措被押赴京，行至哲蚌寺被众僧救出。后为众僧安全，再次被执。

康熙四十六年（1707年），25岁

被押赴京途中，行至青海湖时下落不明。

以下根据阿旺伦珠达吉所著《六世达赖喇嘛仓央嘉措秘传》整理。

康熙四十七年（1708年），26岁

7月到达道尔格。此时康区痘疫流行，仓央嘉措亦染上恶疾。

后痊愈。

康熙四十八年（1709 年），27 岁

经理塘、巴塘前往拉萨，在色拉山上的禅寮闭关一月有余。

康熙四十九年（1710 年），28 岁

朝拜匝日山，即西藏有名的"圣山"，在今山南朗县境内。

康熙五十年（1711 年），29 岁

拉藏汗察觉仓央嘉措的行踪，并派人监视。后逃脱。

康熙五十一年（1712 年），30 岁

至尼泊尔加德满都，瞻仰自在天男根。之后，又跟随尼泊尔国王前往印度朝圣。

康熙五十二年（1713 年），31 岁

游印度。登上灵鹫宝山。印度荒原遇白象。

康熙五十三年（1714 年），32 岁

再次回到山南，在山南的塔布扎仓修行，被当地人称为塔布大师。

康熙五十四年（1715 年），33 岁

再次秘密返回拉萨，到哲蚌寺。

康熙五十五年（1716 年），34 岁

春，与十五位木鹿寺僧人从拉萨秘密起程。秋，抵达青海。后至阿拉善。

康熙五十六年（1717 年），35 岁

得阿拉善阿宝王爷眷顾，被尊为阿拉善上师。仲秋，随阿宝王妃前往京师，驻锡阿拉善王府，其间参拜旃檀佛等佛像。在德胜门

见到第巴桑结嘉措的家人被押送到京。

康熙五十七年（1718 年），36 岁

春，随阿宝王妃返回阿拉善。

雍正八年（1730 年），48 岁

清军征准噶尔，受岳钟琪之邀，到兰州堡为大军诵经祈福七日。

乾隆元年（1736 年），54 岁

奉乾隆帝旨意迁至青海居住。在青海居住九年，后返回阿拉善。

乾隆十年（1745 年），63 岁

10 月，染病。

乾隆十一年（1746 年），64 岁

5 月 8 日，在阿拉善圆寂，年 64 岁。

乾隆十二年（1747 年）

六世达赖仓央嘉措肉身被移到昭化寺高尔拉木湖水边立塔供奉。

在最深的
红尘里
重逢

图书在版编目（CIP）数据

在最深的红尘里重逢 / 白落梅著 . — 长沙：湖南文艺出版社，2016.3
ISBN 978-7-5404-7410-2

Ⅰ . ①在… Ⅱ . ①白… Ⅲ . ①仓央嘉措（1683 ～ 1706）—传记 Ⅳ . ① B949.92
中国版本图书馆 CIP 数据核字（2015）第 311224 号

上架建议：畅销书·文学

在最深的红尘里重逢

作　　者：白落梅
出 版 人：刘清华
责任编辑：薛　健　刘诗哲
监　　制：于向勇　马占国
策划编辑：刘　毅
文字编辑：肖　莹
营销编辑：刘　健　刘宁远
封面设计：熊琼工作室
版式设计：李　洁
海报插图：容　境
内文插图：寇月朋
出版发行：湖南文艺出版社
　　　　　（长沙市雨花区东二环一段 508 号　　邮编：410014）
网　　址：www.hnwy.net
印　　刷：北京嘉业印刷厂
经　　销：新华书店
开　　本：875mm×1270mm　　1/32
字　　数：190 千字
印　　张：9.5
版　　次：2016 年 3 月第 1 版
印　　次：2016 年 3 月第 1 次印刷
书　　号：ISBN 978-7-5404-7410-2
定　　价：35.00 元

质量监督电话：010-59096394
团购电话：010-59320018